EL GRAN LIBRO DE LA COCINA RÁPIDA Y FÁCIL

EL GRAN LIBRO DE LA COCINA RÁPIDA Y FÁCIL

EL GRAN LIBRO DE LA COCINA RÁPIDA Y FÁCIL

Edición Especial para:
Bookspan
501 Franklin Avenue
Garden City, NY 11530
U.S.A.

© 2006 EDICIONES CREDIMAR

Impreso en U.S.A. - Printed in the U.S.A.
ISBN: 978-0-7394-7935-3

INTRODUCCIÓN

El tiempo es uno de los bienes más preciados en la actualidad, un bien escaso y que debemos administrar cuidadosamente. Se ha dicho desde las épocas más antiguas que para la cocina es necesario tiempo y cariño; como muchas veces carecemos del primero, he querido con este libro facilitar la realización de recetas rápidas que sean además sencillas de preparar y deliciosas en su resultado.

La previsión, siempre que sea posible, también le ayudará a ganar tiempo.

Aproveche los modernos utensilios que facilitan enormemente las labores en la cocina, como por ejemplo el Thermomix, la olla a presión ultrarrápida o los cuchillos eléctricos.

No olvide corregir los tiempos de cocción según se indica en la página siguiente si vive en una localidad de altitud elevada.

Espero que disfrute con los suyos de las recetas presentadas y que le sobre tiempo para realizar otras actividades de su agrado.

Itos Vázquez

CORRECCIÓN DE LOS
TIEMPOS DE COCCIÓN SEGÚN LA ALTITUD

ALTITUD	TEMPERATURA DE EBULLICIÓN DEL AGUA	CORRECCIÓN POR HORA DE COCCIÓN
+1500	97° C	+3 minutos
+2000	96° C	+4 minutos
+2500	95° C	+5 minutos
+3000	94° C	+7 minutos

Nota: Estos valores son aproximados y pueden variar ligeramente debido al clima local de cada región.

TABLA DE CONVERSIÓN DE PESOS Y MEDIDAS
(Las cantidades son aproximadas, dependiendo del recipiente y del ingrediente)

1 g = 0,035 onzas	1/4 l = 8,45 onzas líquidas	1 libra = 0,450 kg
10 g = 0,35 onzas	1/2 l = 16,90 onzas líquidas	1 onza = 28,35 g
100 g = 3,50 onzas	3/4 l = 25,35 onzas líquidas	1 galón = 3,78 l
1 kg = 2,20 libras	1 l = 33,80 onzas líquidas	1 onza líquida = 0,03 l

1 cucharadita	=	5 g (aceite 4 g)	=	0,20 onzas
1 cucharada	=	17 g (aceite 12 g)	=	0,60 onzas
1 taza	=	160 g (aceite 115 g)	=	5,60 onzas
1 vaso	=	200 g (aceite 140 g)	=	7 onzas

SUMARIO

COCINA
RÁPIDA Y FÁCIL

Cocinar con rapidez

La preparación de un delicioso plato después de un fatigoso día no es cosa de magia, es posible hacerlo con la ayuda de los métodos actuales con que cuenta la cocina moderna.

Este libro nos muestra cómo se puede preparar una amplia variedad de platos en poco tiempo, utilizando básicamente alimentos frescos. Lo más importante es aprovechar al máximo el tiempo. Cuando tenga media hora libre, utilícela para hacer una salsa y congélela en botes pequeños.

Pique cebollas para dos o tres días, ralle restos de queso o prepare una buena cantidad de arroz. Todo esto puede guardarlo en el frigorífico 2 o 3 días y en el caso del queso, aún más tiempo.

Los platos con sabores fuertes y característicos como los guisos resultan mejores si se preparan de un día para otro, de manera que si tiene tiempo la noche anterior, elija para la comida del día siguiente una de estas características. Tape herméticamente los platos ya preparados, pues los sabores picantes, como el de los guisos con curry, se propagan rápidamente a otros alimentos que haya en el refrigerador. Puede congelar los guisos, principalmente los preparados a la cazuela, que se conservan muy bien y merece la pena preparar grandes cantidades cuando tenga un poco de tiempo libre, una parte para consumir de inmediato y el resto para congelar y utilizarlo posteriormente.

PREPARACIÓN Y COCINADO RÁPIDO DE ALIMENTOS

La forma de preparar los alimentos antes de cocinarlos puede ahorrarle mucho tiempo en la cocina. Pique las verduras como la cebolla tan finamente como sea posible, empleando para ello los utensilios modernos que existen o un cuchillo bien afilado; también le puede resultar más sencillo utilizar un rallador grueso.

Una guarnición de verduras puede tardar tanto tiempo en hacerse como un plato principal. Este tiempo puede reducirse si cortan las verduras en trozos muy pequeños.

Corte las patatas en cubitos antes de hervirlas y haga lo mismo con la zanahoria y otros tipos de verduras de raíz; separe la coliflor en ramilletes pequeños y cuando se trate de cortar verduras en rebanadas, como los calabacines, utilice uno de los aparatos especiales que hay para ello.

Otra fórmula, si está guisando un plato principal en una cazuela sobre el fuego, consiste en poner las verduras congeladas en un colador de metal y colgarlo dentro de la cazuela por encima de la otra receta, para que se vayan cociendo al vapor. Las verduras congeladas, cocinadas de esta manera, tienen

mejor textura y además ahorrará energía.

Haga buen uso de todos los aparatos de los que disponga para ahorrar tiempo en la preparación de los alimentos, tales como robots de cocina, batidora, olla a presión, horno de microondas, freidora eléctrica y cazuelas de fondo grueso, las cuales cuecen los alimentos a una temperatura controlada, y puede realizar otras tareas o salir mientras, de manera que la comida estará lista al regresar a casa.

Para preparar una comida con rapidez, existen diversos artículos que serán de gran utilidad. Revise su despensa, súrtala y tendrá siempre a mano lo necesario para hacer una comida sabrosa y nutritiva en poco tiempo.

Todos los platos de este libro le ayudarán a ahorrar tiempo en la cocina y las normas que damos a continuación le ahorrarán aún más tiempo cuando los esté cocinando.

• Utilice la batidora para hacer salsas y sopas rápidamente: licúe los sobrantes de verduras como base para una sopa; bata el queso rallado, los champiñones y la mayonesa juntos, poniendo las cantidades al gusto, para hacer una salsa que acompañe los platos de pescado o de pollo.

• Las salsas preparadas se pueden guardar en el frigorífico durante 4 días en frascos de cristal con tapas de rosca.

LISTA DE LOS ARTÍCULOS QUE DEBE HABER EN SU DESPENSA, SU FRIGORÍFICO Y SU CONGELADOR

LATAS
Crema
Flan, natillas
Frutas
Leche evaporada
Paté
Pescado (atún, sardinas, etc.)
Pimientos
Sopas (incluyendo consomé)
Tomate

PAQUETES
Alimentos confitados secos
Arroz
Fécula de maíz
Galletas (dulces, saladas)
Harinas
Pastas italianas
Soletillas

REFRIGERADOR
Crema
Jamón
Mantequilla
Queso fresco
Tocino
Yogur

FRASCOS
Frutas
Jaleas
Legumbres
Mayonesa
Mermeladas
Miel
Mostaza

VARIOS
Curry en polvo
Frutas secas
Gelatina
Leche en polvo
Pan rallado
Queso parmesano
Tomate concentrado
Zumos concentrados de
    limón o naranja

CONGELADOR
Helado
Huesos
Pasta de hojaldre
Platos cocinados
Verduras (maíz dulce, etc.)
Volovanes preparados

• Pique o ralle los ingredientes muy finos; las verduras y las hortalizas finamente picadas se preparan muy rápido al igual que las carnes picadas o los pescados desmenuzados.

• Guisar en un recipiente grande, poco profundo, es más rápido que utilizar uno muy hondo.

• Mantenga a su alcance los utensilios de cocina que utilice con más frecuencia, no los tenga en el fondo de la alacena.

• Cocinar encima del fuego es generalmente más rápido. Si ha encendido el horno para cocinar un plato principal, aproveche para hacer al mismo tiempo las verduras, utilizando moldes de papel de aluminio.

• Cuando utilice un artículo de su despensa o agote un ingrediente de uso frecuente, tome nota y repóngalo.

Las mejores recetas

Ajo blanco

Ingredientes para 4 personas:
2 cucharadas de nueces peladas o almendras crudas
1 diente de ajo pelado
20 g de miga de pan
1 taza de aceite de oliva
2 cucharadas de vinagre
500 ml de agua
250 g de uvas peladas y sin semillas
Sal

Ponga las nueces o las almendras en la batidora. Agregue el ajo y la miga de pan, ligeramente remojada en agua. Bata todo bien y añada el aceite, el vinagre y sal. Bátalo de nuevo hasta que la mezcla quede homogénea.

A continuación, incorpore el agua muy fría, bata todo de nuevo y viértalo en cuencos individuales.

Seguidamente, incorpore las uvas e introdúzcalo en el frigorífico hasta el momento de servir.

Si desea pelar fácilmente las nueces o las almendras, escáldelas durante 2 minutos en agua hirviendo.

Tiempo de realización: 15 minutos   Calorías por ración: 326

Arroz a la cubana

Ingredientes para 4 personas:

250 g de arroz
3 cucharadas de aceite
2 dientes de ajo picados
Agua (el doble cantidad que el volumen de arroz)
*4 plátanos (bananos, cambures) pelados y cortados por
la mitad en sentido longitudinal*
1 cucharada de mantequilla
Aceite para freír
4 huevos
8 salchichas
500 g de tomate (jitomate) frito
Sal

Caliente el aceite en una olla y dore los ajos. Incorpore el arroz y revuelva con una cuchara de madera hasta que éste absorba la grasa. Rocíe con el agua, sale y cocine el arroz hasta que esté en su punto y haya absorbido el agua.

Mientras tanto, fría los plátanos en la mantequilla, dándoles la vuelta para que estén bien dorados.

A continuación, caliente el aceite en una sartén y fría los huevos y las salchichas. Caliente el tomate frito.

Por último, presente los platos poniendo en cada uno 1 huevo, 2 salchichas, 1 plátano y arroz blanco rociado con el tomate frito. Sírvalo bien caliente.

Para que el arroz le quede más sabroso, utilice caldo de pollo en vez de agua.

Tiempo de realización: 30 minutos   Calorías por ración: 661

Arroz al curry

Ingredientes para 4 personas:

300 g de arroz de grano largo
2 cucharadas de mantequilla
1 cebolla pequeña, picada
1 l de caldo de pollo, hirviendo
1 cucharada de curry en polvo
30 g de pasas (uvas pasas) de Corinto, sin semillas
50 g de almendras peladas
Sal y pimienta

Caliente la mantequilla en una cazuela y rehogue la cebolla hasta que esté transparente. Agregue el arroz y rehóguelo unos minutos.

A continuación, añada el caldo, reservando una tacita para disolver el curry, y cocine a fuego lento durante 10 minutos.

Mientras tanto, disuelva el curry en el caldo reservado y pique las almendras, dejando unas cuantas enteras.

Seguidamente, agregue al arroz el curry disuelto, las pasas y las almendras picadas. Revuelva todo bien y continúe la cocción hasta que el arroz esté en su punto.

Por último, retire del fuego y agregue las almendras enteras. Sírvalo caliente decorándolo al gusto.

Este arroz resulta también muy adecuado para acompañar platos de pollo o cerdo servidos con salsa.

Tiempo de realización: 30 minutos   Calorías por ración: 337

Arroz brasileño

Ingredientes para 4 personas:

400 g de arroz de grano largo
3 cucharadas de aceite
2 cebolletas (cebolla larga) picadas
2 dientes de ajo picados
2 cucharadas de perejil picado
200 g de patatas (papas) cortadas en tiras muy finas
Aceite para freír
Sal

Cocine el arroz en abundante agua hirviendo con sal hasta que esté en su punto. Cuélelo y resérvelo.

Mientras tanto, caliente el aceite en una sartén grande y rehogue las cebolletas y los ajos durante 5 minutos.

A continuación, agregue a la sartén el arroz cocido y el perejil, sale y rehogue todo junto durante 2 o 3 minutos. Resérvelo al calor.

Seguidamente, caliente abundante aceite en otra sartén y fría las patatas, previamente saladas, hasta que estén doraditas.

Por último, sirva el arroz con las patatas fritas por encima o mezclado con ellas.

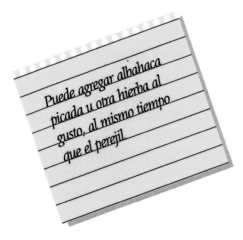

Puede agregar albahaca picada u otra hierba al gusto, al mismo tiempo que el perejil.

Tiempo de realización: 20 minutos   Calorías por ración: 361

Arroz con ahumados

Ingredientes para 4 personas:
300 g de arroz de grano largo
8 huevos de codorniz
20 g de mantequilla
1 cebolleta (cebolla larga) muy picada
200 g de filetes de pescado ahumado (salmón, trucha, etc.)
2 cucharadas de nata (crema de leche) líquida
Una pizca de cayena
Una pizca de pimentón en polvo o paprika
1 cucharada de perejil picado
Sal

Cocine el arroz en agua hirviendo con sal durante 20 minutos o hasta que esté en su punto. Viértalo en un colador y déjelo escurrir.

Mientras tanto, cocine los huevos de codorniz hasta que estén duros. Enfríelos sumergiéndolos en agua fría y pélelos. Pique 4 huevos y los otros 4 córtelos por la mitad.

A continuación, caliente la mantequilla en una sartén grande y rehogue la cebolleta hasta que comience a dorarse.

Seguidamente, agregue a la sartén el arroz escurrido, los huevos picados y el pescado ahumado. Saltee todo durante 3 o 4 minutos, incorpore la nata y revuelva todo bien.

Por último, viértalo en una fuente de servir, espolvoree el perejil, la cayena y el pimentón sobre el arroz, decore el plato con los huevos reservados y sírvalo.

Si no puede conseguir huevos de codorniz, utilice huevos de gallina. Para la decoración, córtelos en rodajas.

Tiempo de realización: 30 minutos   Calorías por ración: 423

22

Arroz con nueces

Ingredientes para 4 personas:

250 g de arroz
Caldo (el doble de cantidad que el volumen del arroz)
2 dientes de ajo pelados
Una manojo de perejil
30 g de nueces peladas
4 cucharadas de aceite
50 g de queso parmesano, rallado
Sal y pimienta negra molida

Caliente el caldo en una cazuela, sálelo, agregue el arroz y cocínelo durante 20 minutos hasta que esté en su punto.

Mientras tanto, mezcle en un robot de cocina o una batidora potente los ajos, el perejil y las nueces, hasta que queden bien triturados. Agregue el aceite y el queso y bata todo junto hasta obtener una crema espesa.

Por último, cuando el arroz esté en su punto, déjelo reposar unos minutos y sírvalo con la crema preparada por encima y acompañado con calabacines, berenjenas o tallos de acelga, rehogados.

Como variante de esta receta, puede sustituir el queso parmesano por gruyère y las nueces por avellanas o cacahuetes.

Tiempo de realización: 20 minutos   Calorías por ración: 371

Arroz empedrado

Ingredientes para 4 personas:
200 g de arroz de grano redondo
2 cucharadas de aceite
1 cebolla pequeña, picada
3 tazas de caldo (podría ser caldo del cocido)
1 1/2 tazas de garbanzos cocidos (sobrantes del cocido)
Sal

Caliente el aceite en una cacerola y rehogue la cebolla hasta que esté transparente. Añada el arroz, rehóguelo ligeramente, revolviendo con una cuchara de madera, y rocíelo con el caldo.

A continuación, sálelo ligeramente, tape la cacerola y cuando comience a hervir, incorpore los garbanzos y cocine todo a fuego lento durante 20 minutos o hasta que el arroz esté en su punto.

Por último, retire la cacerola del fuego, deje reposar unos minutos y sírvalo bien caliente.

Otra forma de realizar esta receta es utilizando garbanzos o judías (frijoles) cocidos de bote. El caldo puede ser de carne, de pollo o bien de cubito.

Tiempo de realización: 25 minutos   Calorías por ración: 357

Arroz malayo

Ingredientes para 4 personas:

300 g de arroz de grano largo, cocido
2 zanahorias medianas
1 tallo de apio (celeri)
1 pimiento (pimentón) verde
1 cebolleta (cebolla larga)
3 cucharadas de aceite
150 g de carne de cerdo (cochino, chancho) sin grasa, picada
2 cucharadas de salsa de soja
2 huevos
Sal

Pique en juliana fina las zanahorias, el apio, el pimiento y la cebolleta.

A continuación, caliente 2 cucharadas de aceite en una sartén al fuego, añada las verduras picadas y deje que se sofrían. Agregue la carne y sofríala, removiendo constantemente. Incorpore el arroz y la salsa de soja, sazone al gusto y rehogue todo junto.

Seguidamente, bata los huevos con una pizca de sal. Caliente el aceite restante en una sartén antiadherente al fuego, incorpore el batido de huevos y prepare una tortilla. Retire la tortilla de la sartén, píquela y añádala al arroz.

Por último, cocine todo junto durante unos minutos a fuego moderado y sírvalo.

Para este arroz puede utilizar brotes de soja u otra verdura picada al gusto.

Tiempo de realización: 20 minutos   Calorías por ración: 383

Aspic de tomate

Ingredientes para 6 personas:
750 g de tomates (jitomates) bien maduros y rojos
1/2 limón pelado y sin semillas
Unas hojitas de hierbabuena
500 ml de caldo
25 g de gelatina en polvo
Sal y pimienta

Ponga una cacerola al fuego con agua y cuando comience a hervir, escalde los tomates. Retírelos y pélelos. Córtelos en trocitos, viértalos en una batidora junto con el limón y las hojitas de hierbabuena y bata hasta obtener una crema homogénea. Cuélela para desechar todas las semillas que pudiera tener y mezcle la crema con el caldo.

A continuación, disuelva la gelatina en un poquito de agua e incorpórela al preparado anterior. Sazone todo con sal y pimienta y mézclelo bien.

Seguidamente, vierta la crema de tomate en un molde de corona e introdúzcalo en el frigorífico durante 6 horas o hasta que esté completamente cuajado.

Por último, desmóldelo sobre una fuente, decórelo al gusto y sírvalo con ensalada verde o de patatas.

Las recetas con gelatina conviene prepararlas de un día para otro.

Tiempo de realización: 20 minutos	Calorías por ración: 72

Ataditos de espárragos

Ingredientes para 4 personas:
24 espárragos verdes (pueden ser congelados)
8 lonchas finas de bacon (tocineta ahumada)

Para la salsa:
2 yogures naturales
2 cucharadas de mostaza francesa
El zumo (jugo) de 1/2 limón
1 cucharada de perejil picado
8 o 10 aceitunas (olivas) verdes picadas
1 cucharada de alcaparras picadas
1/2 cucharadita de azúcar
Sal

Lave los espárragos, córteles la parte dura y póngalos a cocer durante 5 minutos en una cacerola con agua hirviendo con sal.

A continuación, escúrralos y haga grupitos de 3 o 4 espárragos, dependiendo del grosor.

Seguidamente, extienda las lonchas de bacon sobre una superficie plana, ponga encima un grupito de espárragos, forme los ataditos y sujételos con un palillo. Áselos en la plancha bien caliente, hasta que el bacon esté crujiente y dorado.

Por último, mezcle todos los ingredientes de la salsa y sírvala con los ataditos en salsera aparte.

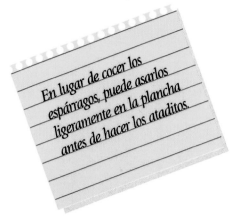

En lugar de cocer los espárragos, puede asarlos ligeramente en la plancha antes de hacer los ataditos.

Tiempo de realización: 15 minutos   Calorías por ración: 231

Barquitas de manzana y anchoa

Ingredientes para 4 personas:

8 endibias grandes
2 manzanas verdes
200 g de queso Emmenthal
1 taza de mayonesa
1/2 yogur natural, desnatado
El zumo (jugo) de 1 limón
1 lata pequeña de filetes de anchoa

Separe las hojas de las endibias, dejando los corazones cuando las hojas empiecen a ser pequeñas. Lave las hojas y séquelas bien.

A continuación, pele las manzanas, quíteles los corazones y píquelas. Pique el queso y vierta ambos ingredientes en un cuenco grande.

Seguidamente, lave los corazones de las endibias, séquelos y píquelos. Agréguelos al cuenco con las manzanas y el queso. Incorpore la mayonesa aclarada con el yogur y mezcle todo bien. Rocíelo con el zumo de limón, cúbralo con las hojas de endibias y resérvelo en el frigorífico hasta el momento de servir.

Por último, reparta el relleno en las hojas de las endibias, colóquelas en una fuente y reparta sobre la superficie de las barquitas los filetes de anchoas.

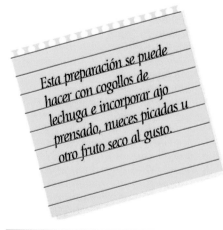

Esta preparación se puede hacer con cogollos de lechuga e incorporar ajo prensado, nueces picadas u otro fruto seco al gusto.

Tiempo de realización: 15 minutos   Calorías por ración: 619

Barquitas de pepino

Ingredientes para 4 personas:
- ✓ 4 pepinos (cohombro) pequeños
- ✓ 3 huevos cocidos
- ✓ 2 cucharadas de aceite
- ✓ 1 lata de 180 g de bonito (atún, tuna) en aceite
- ✓ 1 cebolleta (cebolla larga) picada
- ✓ 4 anchoas en aceite, picadas
- ✓ 1 cucharada de mostaza
- ✓ Vinagre al gusto
- ✓ 1 cucharadita de perejil picado
- ✓ Sal y pimienta

1

Retire las yemas de 2 huevos y pique las claras con un tenedor (**1**). Corte el otro huevo en rodajas y ponga las yemas reservadas en un cuenco.

2

A continuación, pele los pepinos, córtelos por la mitad en sentido longitudinal y retíreles todas las pipas (**2**). Sálelos ligeramente y úntelos con el aceite.

Seguidamente, escurra el bonito reservando el aceite, desmenúcelo y viértalo en un cuenco. Agréguele la cebolleta, las claras picadas y las anchoas y mezcle todo bien. Machaque las yemas reservadas y añádales la mostaza, el aceite del bonito, vinagre al gusto, sal y pimienta.

3

Por último, vierta esta mezcla sobre el preparado de bonito, revuelva todo bien y rellene las barquitas de pepino (**3**). Espolvoree por encima el perejil y decore con el huevo reservado y unas anchoas o al gusto.

Tiempo de realización: 15 minutos	Calorías por ración: 294

Caracolas a la siciliana

Ingredientes para 4 personas:

300 g de caracolas, lazos o cualquier otra pasta
4 cucharadas de aceite
2 dientes de ajo picados
1 pimiento (pimentón) verde, picado
1 guindilla (ají, chile jalapeño) fresca, sin venas ni semillas, picada
200 g de langostinos (camarones) pelados
2 cucharadas de vermut blanco seco
1 cucharada de perejil picado
Sal y pimienta negra

Cocine la pasta en abundante agua hirviendo con sal y una cucharada de aceite hasta que esté "al dente".

Mientras tanto, caliente el aceite restante y sofría los ajos hasta que se doren. Agregue el pimiento y la guindilla y cocine a fuego bajo durante un minuto. Añada los langostinos y el vermut y cocine 2 minutos más. Sazone con sal y pimienta y reserve al calor.

A continuación, escurra la pasta, mézclela con la salsa de langostinos preparada, espolvoréela con el perejil y sírvala.

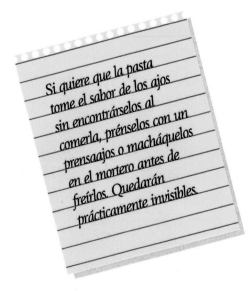

Si quiere que la pasta tome el sabor de los ajos sin encontrárselos al comerla, prénselos con un prensaajos o macháquelos en el mortero antes de freírlos. Quedarán prácticamente invisibles.

Tiempo de realización: 15 minutos   Calorías por ración: 331

Corona de ahumados

Ingredientes para 4 personas:
100 g de salmón ahumado, en lonchas
80 g de trucha ahumada, en lonchas
250 g de arroz de grano largo
1 taza de salsa rosa o mayonesa
1/2 cebolla pelada y picada
2 cucharadas de aceite de oliva
Unas hojas de perejil fresco, picado
Sal y pimienta molida

Ponga al fuego una cacerola con abundante agua y sal; cuando comience a hervir, añada el arroz y déjelo cocer durante 20 minutos o hasta que esté en su punto. Escúrralo bien e incorpore al arroz la cebolla, el aceite y el perejil. Mezcle todo muy bien, condiméntelo con un poco de pimienta y resérvelo aparte.

A continuación, forre el interior de un molde de corona con las lonchas de salmón y cubra éstas con las de trucha.

Seguidamente, llene el interior del molde con el arroz y apriételo bien para que quede prensado.

Por último, desmóldelo sobre una fuente redonda. Vierta en el centro la salsa elegida y decórelo a su gusto.

Antes de forrar el molde con las lonchas de salmón, y para desmoldar la corona más fácilmente, coloque unas tiras de aluminio en su interior de forma que sobresalgan por los lados

Corona de arroz con pimientos

Ingredientes para 4 personas:
300 g de arroz de grano largo
1 pimiento (pimentón) rojo, grande
1 pimiento (pimentón) verde, grande
3 cucharadas de aceite
2 dientes de ajo prensados
1 cucharada de vinagre
Sal

Cocine el arroz en abundante agua hirviendo con sal, hasta que esté en su punto.

Mientras tanto, ponga los pimientos en una bandeja refractaria y áselos en el horno, precalentado a 190° C (375° F). Cuando estén asados, pélelos y resérvelos.

A continuación, mezcle en un recipiente el aceite junto con los ajos y el vinagre. Rocíe esta mezcla sobre los pimientos, sálelos y revuelva todo bien.

Seguidamente, cuando el arroz esté en su punto, páselo por un chorro de agua fría, escúrralo bien y viértalo en un molde de corona.

Por último, desmolde la corona de arroz sobre una fuente redonda. Disponga los pimientos preparados en el centro de la misma, decórela al gusto y sírvala.

Esta receta sirve perfectamente como acompañamiento a carnes y pescados al horno.

Tiempo de realización: 30 minutos   Calorías por ración: 330

Crema de calabaza

Ingredientes para 4 personas:
500 g de calabaza (auyama) picada
2 tazas de caldo
1 cucharada de mantequilla
1 cebolla picada
1 taza de leche
50 ml de nata (crema de leche) líquida
1 cucharada de perejil picado
Sal y pimienta

Vierta el caldo en una cacerola, póngala al fuego y cuando el caldo esté caliente, añada la calabaza picada y cocínela hasta que esté muy tierna y empiece a deshacerse.

Mientras tanto, derrita la mantequilla en una sartén al fuego, añada la cebolla y sofríala hasta que esté ligeramente dorada.

A continuación, agregue la cebolla al caldo, incorpore la leche y revuelva todo con una cuchara de madera para mezclar bien. Sazone con sal y pimienta recién molida al gusto y pase el preparado por la batidora hasta obtener una crema homogénea.

Por último, vierta sobre la superficie la nata ligeramente batida para que tenga un poco de consistencia. Espolvoree la superficie con el perejil y sirva la crema caliente.

Esta receta queda muy vistosa si se sirve en una calabaza vacía.

Tiempo de realización: 20 minutos   Calorías por ración: 132

Crudités con salsa de cebolla

Ingredientes para 4 personas:

3 zanahorias medianas
1 manojito de apio (celeri)
1 pepino (cohombro) mediano
1 manojito de rabanitos
16-20 tomatitos (jitomates) de jardín

Para la salsa:
2 yogures naturales
1 cucharada colmada de preparado de sopa de cebolla
1 cucharadita de perejil picado

Limpie las zanahorias y córtelas en bastoncitos. Retire las hebras del apio y córtelo en bastoncitos similares. Pele y corte el pepino de igual forma. Lave los rabanitos y hágales unos cortes profundos, cruzados. Lave los tomatitos.

A continuación, vierta los yogures en un cuenco, agrégueles el preparado de cebolla y mezcle muy bien. Incorpore el perejil y mezcle todo de nuevo.

Por último, coloque las verduras por grupos en una fuente de servir o repártalas en platos individuales. Coloque la salsa en el centro de la fuente y sirva.

En lugar de preparado de sopa de cebolla puede utilizar preparado de sopa de champiñón. También puede añadir a las verduras champiñones fileteados, ramitos de coliflor, etc.

Tiempo de realización: 15 minutos   Calorías por ración: 101

Ensalada César

Ingredientes para 4 personas:
- ✓ 1 lechuga mediana
- ✓ 2 dientes de ajo
- ✓ 1 lata de filetes de anchoa
- ✓ 2 yemas de huevo
- ✓ 2 cucharadas de salsa Perrins o inglesa
- ✓ 1 cucharadita de mostaza
- ✓ 3 cucharadas de aceite
- ✓ 1 cucharada de vinagre
- ✓ 2 rebanadas de pan de molde (de caja)
- ✓ 3 cucharadas de queso cortado en lonchas finas

1

Ponga los dientes de ajo en un mortero y tritúrelos. Añádales los filetes de anchoa (**1**) y triture todo de nuevo hasta obtener una pasta homogénea.

A continuación, viértala en una ensaladera y agréguele las yemas de huevo, la salsa Perrins, la mostaza, el aceite (**2**) y el vinagre, sin dejar de revolver.

2

Seguidamente, separe las hojas de la lechuga, lávelas concienzudamente, píquelas, incorpórelas a la ensaladera y mezcle todo bien.

Por último, corte el pan en cuadraditos y fríalos. Retírelos del aceite, déjelos enfriar sobre papel absorbente y viértalos en la ensaladera (**3**). Agregue las lonchas de queso y sirva la ensalada.

3

Tiempo de realización: 20 minutos   Calorías por ración: 242

Ensalada con queso de cabra

Ingredientes para 4 personas:

5 tomates (jitomates) bien rojos pero firmes, cortados en gajos
2 cebollas rojas, cortadas en aros finos
1 lechuga pequeña, picada
1 cucharada de brotes de cebollino picados
100 g de aceitunas (olivas) negras
4 rodajas de queso de cabra
4 rebanadas de pan tostado
4 cucharadas de aceite
2 cucharadas de vinagre
Sal y pimienta

Vierta en una ensaladera los tomates junto con las cebollas, la lechuga, los brotes de cebollino y las aceitunas.

A continuación, ponga cada rodaja de queso sobre una rebanada de pan e introdúzcalas en el horno, con el gratinador encendido, durante 3 o 4 minutos hasta que el queso esté fundido.

Mientras tanto, mezcle en un cuenco el aceite con el vinagre y sal y pimienta, aliñe la ensalada con este preparado y revuélvala bien.

Por último, reparta la ensalada en platos individuales, ponga en cada uno una rebanada de pan con queso y sírvala de inmediato.

Tiempo de realización: 15 minutos   Calorías por ración: 303

Ensalada de arroz

Ingredientes para 4 personas:
250 g de arroz de grano largo
1 cebolla pequeña, picada
2 tomates (jitomates) picados
Hojas de albahaca fresca, picadas
12 aceitunas (olivas) deshuesadas, cortados en rodajas
10 filetes de anchoa de lata
6 cucharadas de aceite
2 cucharadas de vinagre
1 lata pequeña de puntas de espárragos
2 cucharadas de pipas (semillas) peladas (opcional)
Sal y pimienta

Cocine el arroz en agua hirviendo con sal durante 20 minutos. Póngalo en un colador y refrésquelo bajo un chorro de agua fría.

A continuación, ponga el arroz en una ensaladera. Agréguele la cebolla, los tomates, la albahaca, las aceitunas y las anchoas y revuelva todo bien.

Seguidamente, en otro recipiente, mezcle el aceite con el vinagre, sal y pimienta. Rocíe este aliño sobre la ensalada y revuelva de nuevo.

Por último, coloque las puntas de espárragos sobre la ensalada, salpique por la superficie las pipas y sírvala.

Puede sustituir las anchoas por atún o sardinas en aceite. Si utiliza estas últimas, quíteles la espina central antes de mezclarlas.

Tiempo de realización: 25 minutos   Calorías por ración: 320

Ensalada de berberechos y berros

Ingredientes para 4 personas:

750 g de berberechos (chipi-chipi)
1 manojo grande de berros
1 cebolleta (cebolla larga) picada
2 huevos duros, picados
1 cucharada de perejil picado
4 cucharadas de aceite
1 cucharada de vinagre
Sal y pimienta negra

Ponga los berberechos en un cuenco. Cúbralos con agua y sal y déjelos durante 1 o 2 horas para que suelten la arena. Lávelos bien bajo un chorro de agua fría y escúrralos.

A continuación, póngalos en una sartén grande al fuego y cocínelos hasta que se abran. Retírelos del fuego, deseche los que no se hayan abierto y sepárelos de las valvas, dejando algunos con ellas para la decoración.

Seguidamente, lave bien los berros, retirando la parte terrosa, viértalos en una ensaladera junto con los berberechos y espolvoree por encima la cebolleta, los huevos picados y el perejil.

Por último, mezcle en un cuenco el aceite, el vinagre y sal y pimienta al gusto. Rocíe el aliño por encima de la ensalada, decórela con los berberechos reservados y sírvala.

Tiempo de realización: 20 minutos   Calorías por ración: 276

Ensalada de endibias y maíz

Ingredientes para 4 personas:
3 endibias (achicorias)
200 g de champiñones (hongos, setas)
El zumo (jugo) de 1 limón
200 g de granos de maíz (choclo, elote) congelados
1 cebolleta (cebolla larga) picada
Un manojito de hierbabuena picada
1 cucharada de mostaza
5 cucharadas de aceite
2 cucharadas de vinagre
Sal

Separe las hojas de endibia, lávelas bien, reserve algunas para decorar y pique las restantes.

A continuación, retire la parte terrosa de los champiñones, lávelos bien, córtelos en láminas y rocíelos con el zumo de limón para que no se ennegrezcan.

Seguidamente, cocine los granos de maíz en agua hirviendo con sal durante 5 minutos. Cuélelos y déjelos enfriar.

Mientras tanto, vierta en un cuenco la mostaza, el aceite, el vinagre y un poco de sal. Bata bien todos los ingredientes para que se mezclen los sabores y resérvelos.

Por último, vierta en una ensaladera las endibias picadas, los champiñones, el maíz, la cebolleta y la hierbabuena. Rocíe la ensalada con la salsa preparada, mezcle todo bien y sírvala decorándola con las hojas de endibia reservadas.

Tiempo de realización: 20 minutos   Calorías por ración: 211

Ensalada de fiesta

Ingredientes para 4 personas:

1/4 de escarola verde
1/4 de escarola roja
2-3 hojas de achicoria
Unas hojas de berros
1 tomate (jitomate)
16 langostinos cocidos
2 cucharadas de nueces picadas
6 cucharadas de aceite
2 cucharadas de vinagre
1 cucharadita de hierbabuena picada
1 aguacate
8 huevos de codorniz cocidos
Sal

Lave todas las verduras y déjelas escurrir. Pique el tomate en cuadraditos y pele los langostinos.

A continuación, ponga en un cuenco las nueces junto con el aceite, el vinagre, la hierbabuena y sal, y mezcle todo bien.

Seguidamente, pele el aguacate, retire el hueso y córtelo en gajos finos.

Por último, monte la ensalada. Reparta el aguacate en 4 platos y haga lo mismo con las verduras restantes. Ponga un montoncito de tomate en cada plato y coloque de forma decorativa los huevos de codorniz cortados por la mitad y los langostinos. Rocíe todo con la salsa preparada y sírvalo.

Puede preparar esta ensalada con antelación exceptuando el aguacate, que deberá cortar en el último momento para que no se ennegrezca.

Tiempo de realización: 15 minutos   Calorías por ración: 354

Ensalada de lentejas y mejillones

Ingredientes para 4 personas:

1 frasco de 500 g de lentejas (gandules) cocidas
1 kg de mejillones (choros, moule)
1 pimiento (pimentón) rojo de lata, picado
2 tomates (jitomates) picados o tomatitos de jardín
1 cebolleta (cebolla larga) picada
1 zanahoria rallada
1 huevo cocido, picado
6 cucharadas de aceite
2 cucharadas de vinagre
1 cucharada de perejil picado
Sal

Limpie bien los mejillones raspándolos con un cuchillo y viértalos en una cazuela con 1/2 taza de agua. Tape la cazuela y póngala a fuego fuerte para que los mejillones se abran. Retire la cazuela del fuego, separe los mejillones de las valvas y resérvelos.

A continuación, ponga las lentejas en un colador y páselas bajo un chorro de agua fría. Déjelas escurrir bien y viértalas en una ensaladera.

Seguidamente, agregue a la ensaladera el pimiento, los tomates, la cebolleta, la zanahoria y el huevo y revuelva todo bien.

Por último, mezcle en un cuenco el aceite, el vinagre y la sal. Incorpore los mejillones a la ensalada, espolvoréela con el perejil picado y rocíela con el aderezo preparado.

Tiempo de realización: 20 minutos   Calorías por ración: 399

Ensalada de palmitos

Ingredientes para 4 personas:
1 lata de palmitos cortados en rodajas
1 lechuga pequeña
1 aguacate (avocado, palta)
1 cebolla morada pequeña
2 huevos
El zumo (jugo) de 1 limón
5 cucharadas de aceite
2 cucharadas de vinagre
Un manojito de hinojo picado
2 cucharadas de nueces picadas
Sal y pimienta

Cocine los huevos en agua hirviendo con sal durante 10 minutos y mientras tanto, limpie bien la lechuga y píquela.

A continuación, pele el aguacate, retire el hueso y córtelo en tiras en sentido longitudinal. Rocíelo con el zumo de limón para que no se ennegrezca y corte la cebolla en rodajas finas.

Seguidamente, vierta todos los ingredientes preparados en una ensaladera. Pele los huevos, córtelos en rodajas y añádalos a la ensalada junto con los palmitos.

Por último, mezcle el aceite con el vinagre y sal y pimienta. Espolvoree la ensalada con el hinojo y las nueces, rocíela con el aderezo preparado y sírvala.

Un sistema para mezclar bien el aliño es poner todos los ingredientes en un frasco con cierre hermético y agitarlo vigorosamente.

Tiempo de realización: 20 minutos   Calorías por ración: 242

Ensalada de pasta

Ingredientes para 4 personas:

250 g de pasta en forma de caracolas o lazos
150 g de langostinos pelados
150 g de atún en aceite
1 cebolleta (cebolla larga) picada
2 tomates (jitomates) picados
4 cucharadas de aceite
3 cucharadas de vinagre
1 cucharada de perejil picado
Sal

Ponga al fuego una cacerola con agua y cuando rompa a hervir, agregue sal y 1 cucharada de aceite. Incorpore a la cacerola la pasta y cocínela durante 10 o 12 minutos hasta que esté "al dente". Cuele la pasta, pásela por un chorro de agua fría, escúrrela bien y viértala en una ensaladera.

Mientras tanto, cocine los langostinos en agua hirviendo, durante 2 minutos.

A continuación, vierta el atún en la ensaladera junto con la cebolleta, los tomates y los langostinos cocinados.

Seguidamente, aliñe la ensalada con el aceite, el vinagre y la sal. Revuelva todo bien, espolvoree por encima el perejil y sirva la ensalada.

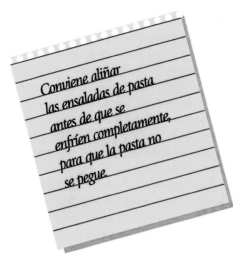

Conviene aliñar las ensaladas de pasta antes de que se enfríen completamente, para que la pasta no se pegue.

Tiempo de realización: 15 minutos   Calorías por ración: 337

Ensalada de pollo

Ingredientes para 4 personas:

1 pechuga de pollo entera
1 puerro (poro) cortado en trozos grandes
1 zanahoria cortada en rodajas
2 tazas de agua
1 ramita de perejil
1 taza de arroz de grano largo
100 g de mayonesa
2 pepinillos en vinagre, picados
1 huevo cocido, picado
1 cucharada de mostaza
1 lechuga pequeña, picada
2 tomates (jitomates) picados
300 g de granos de maíz (elote) de lata
Sal

Ponga la pechuga de pollo en una cacerola junto con el puerro y la zanahoria. Cubra todo con agua, sale y cocínelo durante 30 minutos.

Mientras tanto, caliente el agua con el perejil en otra cacerola y cuando rompa a hervir, agregue el arroz y cocínelo durante 20 minutos. Escúrralo y páselo por un chorro de agua fría.

A continuación, retire la pechuga del caldo, déjela enfriar, quítele la piel, huesos y ternillas y córtela en lonchas.

Seguidamente, mezcle el arroz con la mayonesa, los pepinillos, el huevo y la mostaza y vierta el preparado en una fuente de servir.

Por último, coloque la lechuga, los tomates y el maíz de forma decorativa. Ponga finalmente las lonchas de pollo y sirva la ensalada.

Tiempo de realización: 45 minutos   Calorías por ración: 456

Ensalada de remolacha

Ingredientes para 4 personas:
400 g de remolacha (betabel, beterraba) cocida
1 manzana ácida
1 cebolla
1 zanahoria
6 rabanitos
Un manojito de brotes de cebollino
1 cucharada de miel
1 yogur natural
2 cucharadas de vinagre
1/2 cucharadita de cominos molidos
Sal y pimienta

Pele las remolachas y córtelas en dados. Pele la manzana y córtela en trocitos. Pique la cebolla, raspe la zanahoria, córtela en tiritas finas y finalmente corte los rabanitos en rodajas y pique los brotes de cebollino.

Una vez preparados los ingredientes, viértalos en una ensaladera y resérvelos.

A continuación, ponga en un cuenco la miel, el yogur, el vinagre, los cominos y sal y pimienta. Bátalos para que queden bien mezclados los sabores y vierta este aderezo sobre la ensalada.

Por último, revuelva todo bien con cuidado y refrigere la ensalada durante 20 minutos antes de servir.

Si el aderezo le queda muy espeso, puede aclararlo con un chorrito de leche.

Tiempo de realización: 15 minutos   Calorías por ración: 75

Espaguetis con tomate y almejas

Ingredientes para 4 personas:
400 g de espaguetis (fideos, tallarines)
500 g de almejas (chirlas, chipi-chipi, pepitonas)
3 cucharadas de aceite
2 dientes de ajo, picados
500 g de tomate (jitomate) triturado, de lata
1 cucharada de perejil picado
Sal y pimienta

Caliente el aceite en una sartén y rehogue los ajos. Añada el tomate y el perejil y cocine a fuego lento durante 10 minutos.

Mientras tanto, ponga las almejas bien lavadas en una sartén con un poco de agua y cocine a fuego fuerte hasta que se abran. Filtre el caldo y separe los moluscos de las valvas.

A continuación, agregue a la sartén con el tomate el caldo de las almejas, sazone con sal y pimienta y cocine unos minutos más.

Seguidamente, cocine los espaguetis en abundante agua hirviendo con sal, hasta que estén "al dente".

Por último, añada las almejas a la salsa de tomate. Escurra los espaguetis y sírvalos bien calientes, con la salsa por encima y, si lo desea, espolvoreados con perejil picado.

Puede sustituir las almejas por berberechos. Tienen un sabor más intenso a mar.

Tiempo de realización: 30 minutos	Calorías por ración: 421

Fettuccini con caviar

Ingredientes para 4 personas:
400 g de fettuccini (espaguetis, fideos, tallarines)
1 cucharada de aceite
1 cucharada de mantequilla
125 ml de leche
100 ml de nata (crema de leche) líquida
25 g de queso parmesano rallado
1 huevo
1 clara de huevo
50 g de caviar o huevas de mújol
Sal y pimienta

Cocine la pasta en abundante agua hirviendo con sal y el aceite, hasta que esté "al dente". Escurra y reserve al calor.

Mientras se cocina la pasta, ponga la mantequilla en una cazuela y derrítala. Bata en un recipiente la leche junto con la nata, el queso, el huevo entero y la clara e incorpore la mezcla a la cazuela con la mantequilla. Cocine hasta que espese ligeramente, revolviendo sin parar con una cuchara de madera o con un batidor manual, y sazone con sal y pimienta. Revuelva bien y añada el caviar.

Por último, agregue la salsa preparada a la pasta escurrida, mezcle todo bien y sirva el plato caliente.

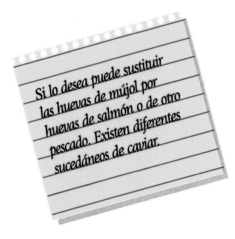

Si lo desea puede sustituir las huevas de mújol por huevas de salmón o de otro pescado. Existen diferentes sucedáneos de caviar.

Tiempo de realización: 20 minutos · · · Calorías por ración: 353

Fideos con almejas

Ingredientes para 4 personas:
250 g de fideos gruesos
250 g de almejas (pepitonas) o chirlas
2 cucharadas de aceite
1/2 cebolla picada
2 tomates (jitomates) maduros, pelados y picados
1 pimiento (pimentón) verde, pequeño y troceado
1 diente de ajo
1 cucharadita de hierbabuena
1/2 cucharadita de colorante (achiote, color)
2 tazas de agua
Sal

Caliente el aceite en una cazuela y rehogue la cebolla hasta que esté transparente. Agregue los tomates y el pimiento y rehogue todo junto a fuego lento, durante 15 minutos.

Mientras tanto, machaque en el mortero el ajo junto con la hierbabuena y un poquito de sal. Diluya el majado con un poco de agua.

A continuación, agregue a la cazuela el majado junto con los fideos, el colorante, las almejas y el agua. Sale y cocine todo durante 10 minutos o hasta que los fideos estén tiernos.

Por último, retire el guiso del fuego y sírvalo bien caliente.

Si prefiere utilizar hebras de azafrán en vez de colorante, machaquelas junto con el ajo y la hierbabuena.

Tiempo de realización: 30 minutos   Calorías por ración: 181

Gazpacho andaluz

Ingredientes para 4 personas:
✓ 750 g de tomates (jitomates) maduros
✓ 1/2 pepino (cohombro)
✓ 1 pimiento (pimentón) verde, pequeño
✓ 1 diente de ajo
✓ La miga de 1 rebanada de pan
✓ 3 cucharadas de vinagre
✓ 4 cucharadas de aceite
✓ Sal

Para la guarnición:
✓ 1 tomate (jitomate)
✓ 1 pepino (cohombro)
✓ 1 pimiento (pimentón) verde
✓ 1 cebolla pequeña
✓ 1 huevo duro
✓ 2 rebanadas de pan

Lave y trocee los tomates, quitándoles las semillas. Pele el pepino y córtelo en trozos. Abra el pimiento, retire las semillas y las venas blancas y trocéelo.

A continuación, vierta todo en el vaso de la batidora (**1**) y tritúrelo hasta formar un puré. Empape la miga de pan con el vinagre e incorpórela a la batidora junto con el aceite y sal. Bata todo de nuevo hasta formar una crema homogénea.

Seguidamente, pase el gazpacho por el pasapurés para eliminar las pielecillas de los tomates y del pimiento (**2**) y dependiendo de si le gusta el gazpacho más o menos líquido, agréguele agua muy fría o cubitos de hielo. Introdúzcalo en el frigorífico hasta el momento de servir.

Por último, pele todos los ingredientes de la guarnición y píquelos en daditos, por separado (**3**). Coloque cada uno en un platito y sirva el gazpacho con ellos en una bandeja aparte, para que cada comensal se sirva.

Tiempo de realización: 20 minutos	Calorías por ración: 214

Gratín de pasta y verduras

Ingredientes para 6 personas:
- ✓ 500 g de pasta menuda (plumas, macarrón cortado, espirales, lazos, etc.)
- ✓ 2 pimientos (pimentones) verdes, troceados
- ✓ 1 cucharada de mantequilla
- ✓ 4 tomates (jitomates) medianos, cortados en rodajas
- ✓ 1 calabacín (calabacita, chauchita, zucchini) pequeño, cortado en rodajas
- ✓ 1 cebolla mediana, cortada en rodajas
- ✓ 200 g de chorizo
- ✓ 250 g de queso en lonchas
- ✓ 4 huevos
- ✓ 1 cucharadita de maicena (fécula de maíz)
- ✓ 250 ml de leche
- ✓ Sal y pimienta molida

Caliente abundante agua con sal y cuando rompa a hervir cocine la pasta y los pimientos (1). Escurra, separe la pasta y los pimientos y reserve.

Engrase una fuente refractaria con la mantequilla y vierta en ella la pasta. Coloque sobre ella los pimientos y las rodajas de verdura, intercalando el chorizo y las lonchas de queso (2).

Bata los huevos con la leche, la maicena y sal y pimienta, viértalos sobre el preparado anterior (3) e introdúzcalo en el horno, precalentado a 180° C (350° F), hasta que las verduras estén tiernas y la superficie dorada.

| Tiempo de realización: 30 minutos | Calorías por ración: 498 |

Guacamole

Ingredientes para 6 personas:

✓ *2 aguacates grandes*
✓ *El zumo (jugo) de 2 limones*
✓ *1 tomate (jitomate) pelado y picado*
✓ *2 guindillas (ajíes, chiles serranos) frescas, picadas*
✓ *2 ramitas de cilantro (coriandro, culantro) fresco, picado*
✓ *1 cebolla muy picada*
✓ *Sal*

1

Corte los aguacates por la mitad, retire los huesos y vierta toda la pulpa en un recipiente de barro o de cristal.

A continuación, machaque la pulpa con un mazo **(1)** y agregue el zumo de limón para que no se ennegrezca.

Seguidamente, incorpore el tomate y las guindillas **(2)**, mézclelos bien, añada el cilantro y la cebolla picada **(3)**, sazónelo y revuelva todo bien.

Por último, reparta el guacamole en cuencos individuales y sírvalo con tortillas de maíz o al gusto.

2

3

Tiempo de realización: 10 minutos   Calorías por ración: 133

Huevos en tomate

Ingredientes para 6 personas:

✓ 6 huevos

✓ 6 tomates (jitomates) rojos pero duros

✓ 125 g de mantequilla

✓ 125 g de queso rallado

✓ 6 rebanadas de pan de molde (de caja)

✓ Sal

1

Pele los tomates con mucho cuidado, corte una capa de la parte superior y extraiga el corazón y las semillas procurando que quede algo de pulpa.

A continuación, mezcle la pulpa de tomate extraída con la mitad de la mantequilla y la mitad del queso rallado (1).

2

Seguidamente, retire la corteza del pan y unte las rebanadas con el preparado anterior (2). Colóquelas en una fuente refractaria.

Por último, casque un huevo dentro de cada tomate (3), sálelos, cúbralos con la mantequilla restante y espolvoréelos con el queso reservado. Colóquelos sobre las rebanadas de pan e introdúzcalos en el horno, con el gratinador encendido, durante 10 minutos o hasta que los huevos estén cuajados. Sírvalos de inmediato decorándolos al gusto.

3

Tiempo de realización: 25 minutos   Calorías por ración: 403

Huevos revueltos con bacalao

Ingredientes para 4 personas:
500 g de bacalao (abadejo) seco
Abundante aceite para freír
1 cebolla grande, cortada en aros finos
500 g de patatas (papas) cortadas en bastoncitos finos
8 huevos
Sal

Ponga el bacalao en remojo durante 48 horas, cambiándole el agua varias veces. Cuando lo vaya a preparar, escúrralo, quítele la piel y las espinas y desmenúcelo.

A continuación, caliente abundante aceite en una sartén y rehogue la cebolla hasta que esté transparente. Agregue las patatas sazonadas y fríalas hasta que comiencen a dorarse.

Seguidamente, escurra el aceite de la sartén e incorpore el bacalao rehogándolo ligeramente.

Por último, bata los huevos y añádalos a la sartén. Cuájelos junto con la cebolla, las patatas y el bacalao, procurando que no queden demasiado secos y sírvalos inmediatamente.

Este plato quedará delicioso si lo acompaña con triángulos de pan frito o tostado.

Tiempo de realización: 30 minutos   Calorías por ración: 677

Lazos a la albahaca

Ingredientes para 4 personas:
400 g de lazos (mariposas, caracoles, etc.) de pasta
Unas hojas de albahaca
2 dientes de ajo
5 cucharadas de aceite
25 g de almendras picadas
100 g de queso azul (Cabrales, Roquefort)
50 g de queso rallado
Sal

Cocine la pasta en abundante agua hirviendo con sal, hasta que esté "al dente". Escurra y reserve.

Mientras tanto, vierta todos los ingredientes restantes en una batidora y mézclelos bien.

Cuando la pasta esté cocinada y escurrida, agréguele la crema preparada, revuélvalo todo bien y sirva.

Para esta salsa utilice aceite de oliva, si dispone de él, pues le dará un delicioso sabor.
Si lo desea, puede sustituir las almendras por otro fruto seco de su gusto.

Tiempo de realización: 15 minutos   Calorías por ración: 462

Lazos a la marinera

Ingredientes para 4 personas:

300 g de lazos (o cualquier otra pasta)
3 cucharadas de aceite
3 dientes de ajo picados
250 g de tomates (jitomates) triturados
6-7 filetes de anchoa en aceite, cortados en trocitos
1 cucharada de perejil picado
Sal y pimienta

Cocine la pasta en abundante agua hirviendo con sal, hasta que esté "al dente".

Mientras tanto, caliente el aceite y sofría los ajos. Agregue los tomates y cocine durante 10 minutos. Incorpore las anchoas, cocine un par de minutos y sazone con sal y pimienta.

A continuación, escurra la pasta y mézclela con la salsa preparada. Espolvoree con el perejil picado y sírvala bien caliente.

Si desea que la salsa le quede más fina, una vez que la tenga hecha la puede pasar por un pasapurés o una batidora potente.

Tiempo de realización: 15 minutos   Calorías por ración: 233

Lazos con carne

Ingredientes para 4 personas:

300 g de lazos (o cualquier otra pasta)
2 cucharadas de aceite
2 dientes de ajo picados
1 cebolla pequeña, picada
1/2 pimiento (pimentón) rojo, picado
1 cucharada de harina
200 g de tomate (jitomate) triturado
400 g de carne de cerdo (cochino, chancho) picada
1 pastilla de caldo de carne, picada
1/2 taza de agua
La ralladura de 1 naranja
Sal y pimienta

Caliente el aceite en una sartén grande al fuego y sofría los ajos, la cebolla y el pimiento durante 5 minutos.

A continuación, agregue la harina, revuelva e incorpore el tomate, la carne, la pastilla de caldo y el agua. Mezcle todo bien y cocine a fuego lento durante 15 minutos. Añada la ralladura de naranja y rectifique la sazón.

Mientras tanto, cocine la pasta en abundante agua hirviendo con sal, hasta que esté "al dente". Escurra y reserve.

Por último, reparta la pasta en 4 platos. Ponga encima la salsa preparada y sírvalos enseguida.

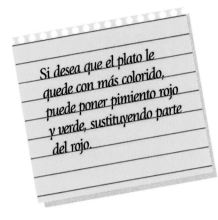

Si desea que el plato le quede con más colorido, puede poner pimiento rojo y verde, sustituyendo parte del rojo.

Tiempo de realización: 25 minutos   Calorías por ración: 356

Lazos con salmón

Ingredientes para 4 personas:
400 g de pasta (lazos, fideos, espaguetis)
2 cucharaditas de mostaza
2 cucharadas de eneldo fresco, picado
1 cucharada de zumo (jugo) de limón
300 g de yogur natural
150 g de salmón ahumado en lonchas finas
Unas rodajas de pepino (cohombro) para adornar
Sal

Cocine la pasta en abundante agua hirviendo con sal, hasta que esté "al dente". Escúrrala, pásela por agua fría, escurra de nuevo y reserve.

A continuación, mezcle en un recipiente la mostaza, el eneldo, el zumo de limón y el yogur. Agregue la pasta, sazone y revuelva bien para mezclar los sabores.

Por último, incorpore el salmón, cortado en trocitos, adorne con las rodajas de pepino y sirva el plato.

Si lo desea, puede sustituir el salmón ahumado por salmón marinado. Le dará un toque suave y delicado al plato.
Si no dispone de eneldo, sustitúyalo por otra hierba de su gusto.

Tiempo de realización: 20 minutos   Calorías por ración: 220

Macarrones con queso y tomate

Ingredientes para 4 personas:

400 g de macarrones
3 cucharadas de mantequilla
1 cebolla pequeña, picada
2 cucharadas de harina
1/4 de cucharadita de sal de apio
2 tazas de leche
6 rodajas de tomate (jitomate)
6 rodajas de pimiento (pimentón) verde
3 cucharadas de pimiento (pimentón) rojo, picado
150 g de queso fundente, en lonchas
3 cucharadas de queso rallado
Sal y pimienta

Cocine los macarrones en abundante agua hirviendo con sal, hasta que estén "al dente".

Mientras tanto, caliente la mantequilla y rehogue la cebolla hasta que esté transparente. Agregue la harina y la sal de apio, sofría ligeramente e incorpore la leche, sin dejar de revolver. Sazone con sal y pimienta.

A continuación, escurra la pasta, mézclela con la salsa preparada y vierta en una fuente refractaria. Cúbrala con los tomates, los pimientos y el queso fundente. Espolvoree el queso rallado por toda la superficie e introduzca la fuente en el horno, precalentado a 180° C (350° F), durante 10 minutos. Sírvala bien caliente.

Tiempo de realización: 30 minutos   Calorías por ración: 460

Macarrones napolitana

Ingredientes para 4 personas:

300 g de macarrones
3 cucharadas de aceite
1 cebolla picada
1 diente de ajo picado
500 g de tomate (jitomate) triturado
200 g de queso mozzarella cortado en tiritas
Sal y pimienta negra recién molida

Cocine los macarrones en abundante agua hirviendo con sal, hasta que estén "al dente". Escúrralos y reserve.

Mientras tanto, caliente el aceite en una sartén y sofría la cebolla y el ajo durante unos minutos. Incorpore los tomates, sazone con sal y pimienta y fría a fuego lento durante 10 minutos.

A continuación, mezcle los macarrones escurridos con el queso mozzarella y cocine a fuego lento 2 o 3 minutos para que el queso se ablande.

Por último, agregue la salsa de tomate, revuelva todo bien y sirva.

Si quiere realizar este plato en menos tiempo, puede utilizar tomate frito en conserva. Le irá muy bien un poquito de orégano mezclado con la salsa.

Tiempo de realización: 25 minutos   Calorías por ración: 355

Melón con jamón en ensalada

Ingredientes para 4 personas:
1 melón pequeño, maduro
250 g de jamón serrano
300 g de espinacas frescas
1 manojo de berros
1 cebolleta (cebolla larga) picada
El zumo (jugo) de 1 limón
5 cucharadas de aceite
Un manojito de albahaca fresca, picada
2 cucharadas de vinagre
1 pizca de paprika
Sal

Lave muy bien las espinacas y los berros, desechando las partes terrosas y duras y déjelos escurrir en un colador.

A continuación, corte el melón por la mitad, deseche las semillas y extraiga la pulpa en forma de bolas con una cucharilla especial para ello. (Si no dispone de ella, puede cortar la pulpa en dados).

Seguidamente, trocee las lonchas de jamón y confeccione unas brochetas alternando las bolas de melón y el jamón. Reparta las espinacas, los berros y la cebolleta en 4 platos de servir y coloque las brochetas sobre la verdura.

Por último, mezcle en un cuenco el zumo de limón con el aceite, la albahaca, el vinagre y sal y rocíe esta mezcla sobre las brochetas. Espolvoree todo con un poco de paprika y sírvalo.

Tiempo de realización: 15 minutos   Calorías por ración: 508

Moldes de arroz 2 salsas

Ingredientes para 4 personas:

300 g de arroz de grano largo
Agua (el doble de cantidad que el volumen del arroz)
250 g de gambas (camarones)
250 g de tomate (jitomate) frito
1 taza de mayonesa
Sal

Ponga el agua con un poco de sal en una cacerola al fuego y cuando rompa a hervir, cocine las gambas durante 2 minutos. Retírelas y resérvelas. Cuele el líquido de cocción y viértalo de nuevo en la cacerola.

A continuación, lave el arroz bajo un chorro de agua fría. Cuélelo y cocínelo en el caldo de cocción de las gambas, durante 20 minutos o hasta que esté en su punto.

Mientras tanto, caliente el tomate frito en otro recipiente al fuego.

Seguidamente, cuando el arroz esté cocinado y haya absorbido el líquido de cocción, páselo de nuevo por un chorro de agua fría para que quede más suelto.

Por último, cubra el fondo de una fuente de servir con el tomate frito. Utilizando moldes de corona individuales, forme con el arroz 4 aros y desmóldelos sobre el tomate. Rellene el hueco central de cada molde con la mayonesa y coloque de forma decorativa las gambas previamente peladas.

Puede sustituir las gambas por 250 g de pechuga de pollo cocinada durante 15 minutos y utilizando el líquido de cocción para el arroz. Trocee la pechuga para decorar los moldes.

Tiempo de realización: 25 minutos   Calorías por ración: 690

Moldes de arroz con mariscos

Ingredientes para 4 personas:
200 g de arroz de grano largo
300 g de gambas (camarones) cocidas
250 g de berberechos (chipi-chipi)
3 cucharadas de aceite
2 cebolletas (cebolla larga) picadas
1 diente de ajo picado
2 cucharadas de perejil picado
Sal y pimienta

Para la guarnición:
Salsa rosa

Cocine el arroz en abundante agua hirviendo con sal hasta que esté en su punto. Cuélelo y resérvelo.

Mientras tanto, pele las gambas y resérvelas. Ponga los berberechos en un recipiente con un poco de agua al fuego hasta que se abran. Sepárelos de las valvas y resérvelos.

A continuación, caliente el aceite en una sartén y rehogue las cebolletas y el ajo hasta que comiencen a dorarse. Añada las gambas picadas, reservando algunas enteras para la decoración, y cocine durante 1 minuto.

Seguidamente, incorpore el arroz, el perejil y los berberechos. Sazone con sal y pimienta y rehogue todo junto durante 3 o 4 minutos.

Por último, rellene 4 moldes pequeños con la preparación. Desmóldelos sobre platos y sírvalos decorados con las gambas reservadas y la salsa rosa.

Tiempo de realización: 30 minutos   Calorías por ración: 386

Paja y heno a la carbonara

Ingredientes para 4 personas:
350 g de tallarines (cintas, espaguetis) al huevo y con espinacas, mezclados
1 cucharada de aceite
150 g de bacon (tocineta) cortado en trocitos
4 yemas de huevo
3 cucharadas de nata (crema de leche) líquida
Sal y pimienta negra recién molida

Cocine la pasta en abundante agua hirviendo con sal, hasta que esté "al dente".

Mientras tanto, caliente el aceite y saltee el bacon hasta que esté crujiente.

A continuación, bata las yemas de huevo junto con la nata, sal y pimienta, y reserve.

Por último, escurra la pasta, agréguele el bacon y las yemas batidas con la nata, revuelva todo bien y sirva el plato inmediatamente.

Si prefiere que la salsa le quede un poco más trabada, póngala en un cazo al fuego, revolviéndola sin parar hasta que espese un poco. Incorpórela a la pasta inmediatamente.

Tiempo de realización: 20 minutos   Calorías por ración: 473

Pasta con almejas y maíz

Ingredientes para 4 personas:

400 g de pasta (puede tener cualquier forma)
500 g de almejas (chirlas, chipi-chipi, pepitonas)
1 vasito de agua
1 cucharada de mantequilla
1 cebolla pequeña, picada
1 cucharada de harina
1 taza de leche
1 vasito de vino blanco seco
50 g de maíz (elote) desgranado y cocido
2 cucharadas de queso rallado
Sal

Cocine la pasta en abundante agua hirviendo con sal, hasta que esté "al dente".

Mientras tanto, ponga las almejas, bien lavadas, en una sartén con el agua, y cocine a fuego fuerte hasta que se abran. Cuele el líquido y separe los moluscos de las valvas.

A continuación, caliente la mantequilla en una sartén y sofría la cebolla lentamente hasta que esté transparente. Agregue la harina, rehogue ligeramente e incorpore el líquido de las almejas y la leche, poco a poco, revolviendo con una cuchara de madera.

Seguidamente, añada el vino, revuelva todo bien, sazone e incorpore las almejas.

Por último, mezcle la pasta escurrida con la salsa preparada y el maíz desgranado y antes de servir, espolvoree con el queso rallado.

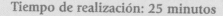

Para que no se le enfríe el plato al incorporarle el maíz, caliéntelo previamente en el microondas unos minutos. Si no dispone de él, escáldelo en un cacito con agua al fuego.

Tiempo de realización: 25 minutos   Calorías por ración: 320

Paté de salmón

Ingredientes para 4 personas:
250 g de salmón, cocido o asado
1 sobre de gelatina en polvo
1 1/2 tazas de caldo de pescado
1 huevo cocido
1 pepino (cohombro) cortado en rodajas finas
2 cucharadas de mayonesa
1 cucharadita de mostaza en polvo
1 cucharada de jerez
1 pizca de eneldo en polvo
Sal y pimienta

Diluya la gelatina en el caldo de pescado y vierta un poco en un molde metálico, cubriendo la base. Introduzca el molde en el frigorífico hasta que cuaje.

A continuación, coloque encima, de forma decorativa, unos trocitos de salmón, 1 rodaja de pepino y 1 rodaja de huevo cocido. Cúbralos con otra capa fina de gelatina y refrigere todo de nuevo.

Mientras tanto, ponga en la batidora el salmón. Agréguele el huevo restante, la mayonesa, la mostaza, el jerez, el eneldo y sazone con sal y pimienta. Bata todo hasta obtener un puré suave y homogéneo y mézclelo con la gelatina restante.

Seguidamente, vierta el preparado anterior en el molde. Cubra la superficie con rodajas de pepino y refrigere hasta que esté bien cuajado.

Por último, sumerja el molde en agua caliente, desmolde el paté y sírvalo acompañándolo con tostadas.

Tiempo de realización: 15 minutos   Calorías por ración: 156

Pilaf con tomate

Ingredientes para 4 personas:
300 g de arroz de grano largo
100 g de mantequilla
3 cucharadas de concentrado de tomate
1 cucharadita de estragón picado
1 cucharadita de tomillo desmenuzado
500 ml de agua
Sal

Caliente la mantequilla en una cazuela al fuego, agregue el arroz y rehóguelo a fuego lento durante unos minutos para que se impregne bien de mantequilla.

A continuación, añada a la cazuela el concentrado de tomate, el estragón y el tomillo y cocine todo 3 o 4 minutos hasta que el arroz tome un tono dorado.

Seguidamente, incorpore el agua al preparado, sálelo y cocínelo durante 15 o 20 minutos hasta que el arroz esté tierno.

Por último, retire la cazuela del fuego y deje reposar el arroz durante 10 minutos, antes de servirlo decorado al gusto.

Puede sustituir el concentrado de tomate por 300 g de tomate frito.

Tiempo de realización: 25 minutos   Calorías por ración: 412

Ravioli a la nata

Ingredientes para 4 personas:
400 g de ravioli o cualquier otra pasta similar
3 cucharadas de mantequilla
150 ml de nata (crema de leche) líquida
Unas hojitas de estragón fresco, picado
60 g de queso parmesano rallado
Sal y pimienta

Cocine los ravioli en abundante agua hirviendo con sal, hasta que estén "al dente".

Mientras tanto, ponga la mantequilla en una cazuela pequeña al fuego, junto con la nata y el estragón y caliente a fuego lento, sin dejar de revolver. Sazone con sal y pimienta.

Cuando la pasta esté lista, escúrrala y póngala en una fuente. Agregue la crema preparada, revuelva bien, espolvoree con el queso rallado y sirva.

Si no está familiarizado o no le gusta el sabor que da el estragón, puede sustituirlo con otro aroma, bien de una hierba, como por ejemplo, cilantro, o una especia como curry, nuez moscada, etc.

Tiempo de realización: 15 minutos   Calorías por ración: 479

112

Rollos de jamón

Ingredientes para 4 personas:
- ✓ 8 lonchas de jamón York
- ✓ 2 aguacates maduros
- ✓ El zumo (jugo) de 1 limón
- ✓ 200 g de queso blando de untar
- ✓ 2 cucharadas de nata (crema de leche) líquida
- ✓ 1 escarola
- ✓ 1 granada, desgranada
- ✓ 3 cucharadas de aceite
- ✓ 2 cucharadas de vinagre
- ✓ 2 cucharadas de huevo hilado
- ✓ Sal y pimienta

1

Abra los aguacates, retire los huesos y vierta la pulpa en un cuenco grande. Rocíela con el zumo de limón y aplástela con un tenedor hasta hacer una pasta (1).

A continuación, agregue el queso, mezcle bien y sazone con sal y pimienta. Añada la nata y bata todo hasta obtener una crema espesa.

2

Seguidamente, lave y pique la escarola. Mézclela con la granada (2) y alíñelas con el aceite, el vinagre, sal y pimienta.

Por último, reparta la crema de aguacate entre las lonchas de jamón (3), enróllelas y coloque los rollos sobre la escarola. Decore con el huevo hilado y sirva.

3

Tiempo de realización: 15 minutos   Calorías por ración: 596

Sopa china

Ingredientes para 4 personas:

25 g de setas chinas secas
2 cucharadas de aceite
3 cebolletas (cebolla larga) picadas
1 cucharadita de maicena (fécula de maíz)
1/2 cucharadita de curry en polvo
750 ml de caldo de ave
16 mazorquitas (choclo, elote) enanas de lata
1 huevo
Sal y pimienta

Ponga las setas en remojo durante 15 minutos en agua caliente, cambiándola varias veces.

A continuación, caliente el aceite en una cazuela y rehogue las cebolletas durante unos minutos. Incorpore la maicena, el curry y las setas, rehogue todo ligeramente, agregue el caldo y cocínelo a fuego lento con la cazuela tapada durante 10 minutos.

Seguidamente, añada las mazorquitas, sal y pimienta y cocine todo durante 3 o 4 minutos más.

Por último, bata el huevo e incorpórelo a la sopa, en forma de hilo fino y revolviendo rápidamente para que se cuaje. Sirva la sopa inmediatamente.

En lugar de setas puede utilizar champiñones frescos, congelados o de lata.

Tiempo de realización: 30 minutos   Calorías por ración: 164

Sopa de ajo

Ingredientes para 4 personas:
200 g de pan del día anterior
5 cucharadas de aceite
4 dientes de ajo picados
50 g de jamón picado
1 cucharada de pimentón dulce en polvo
1 1/2 l de agua caliente
4 huevos
Sal

Corte el pan en rebanadas finas y resérvelas.

A continuación, caliente el aceite en una cacerola, agregue los ajos y fríalos hasta que estén doraditos. Añada el pan y el jamón y rehogue todo junto ligeramente.

Seguidamente, retire la cacerola del fuego, incorpore el pimentón, sale y revuelva todo con una cuchara de madera. Añada el agua caliente y ponga la cacerola de nuevo al fuego. Deje que hierva el agua durante 5 minutos.

Por último, reparta la sopa en 4 cuencos individuales, casque un huevo sobre la sopa de cada cuenco con mucho cuidado para que no se rompa, e introdúzcalos en el horno con el gratinador encendido, durante 3 o 4 minutos para que se cuajen los huevos.

Si lo desea, también puede añadirle chorizo picado al mismo tiempo que el jamón o en su lugar.

Tiempo de realización: 15 minutos   Calorías por ración: 430

Sopa de bonito con pasta

Ingredientes para 4 personas:

300 g de bonito (atún, tuna) fresco, troceado
3 cucharadas de aceite de oliva
2 dientes de ajo prensados
1 cebolla mediana, picada
250 g de champiñones (hongos, setas) cortados en láminas finas
750 ml de caldo de pescado, hirviendo
1 copita de vino blanco, seco (de buena calidad)
Una pizca de estragón molido
2 cucharadas de tomate (jitomate) frito
150 g de fideos
Sal

Caliente el aceite en una cazuela al fuego, añada los ajos y la cebolla y rehóguelos a fuego lento durante 5 minutos o hasta que la cebolla esté transparente.

A continuación, incorpore los champiñones y continúe cocinando todo durante 5 minutos más.

Seguidamente, añada el caldo bien caliente, el vino, el estragón en polvo, el tomate frito y sal al gusto, y cuando comience la ebullición, incorpore los fideos y continúe cocinando todo hasta que estos últimos estén cocidos.

Por último, agregue el bonito, deje que cueza durante 2 minutos solamente y sirva enseguida.

Es importante que el bonito cueza muy poco tiempo, para que no quede reseco. Si los fideos le gustan "al dente", incorpore el bonito cuando les falte muy poco tiempo de cocción.

Tiempo de realización: 20 minutos   Calorías por ración: 300

Sopa de mayonesa

Ingredientes para 4 personas:

150 g de gambas (camarones)
100 g de almejas (pepitonas)
100 g de rape
5 cucharadas de mayonesa
750 ml de caldo de pescado
100 g de patata (papa) cocida y picada
Sal

Cocine las gambas en una cacerola con 1 taza de agua durante 1 minuto. Cuele el caldo y resérvelo. Pele las gambas y resérvelas.

A continuación, abra las almejas en otro recipiente con 1/2 taza de agua. Cuele el caldo y resérvelo con el anterior. Reserve las almejas.

Seguidamente, repita la operación con el rape, cuele el caldo y resérvelo junto con los otros caldos. Desmenuce el pescado y resérvelo.

Por último, ponga la mayonesa en una sopera y vaya añadiendo, poco a poco, el caldo, sin parar de removerlo, hasta que todo esté bien ligado. Rectifique la sazón, agregue las gambas, la patata, las almejas y el rape y sirva la sopa.

Esta sopa puede servirse fría o caliente, al gusto.

Tiempo de realización: 15 minutos   Calorías por ración: 273

Sopa de pepino al curry

Ingredientes para 4 personas:

1 pepino (cohombro) pelado y picado
500 ml de caldo de verduras
3 cebolletas (cebolla larga) picadas
2 yogures naturales descremados
1 taza de leche descremada
2 cucharaditas de curry en polvo
1 cucharadita de perejil picado
Un poco de paprika (opcional)
Sal y pimienta blanca molida

Caliente el caldo en una cacerola al fuego. Agréguele el pepino y las cebolletas y cocínelos durante 10 minutos. Retire con una espumadera un poco de pepino y de cebolletas para la decoración y pase el resto junto con el caldo por una batidora potente hasta obtener una crema homogénea.

A continuación, agregue los yogures, la leche y el curry. Sazone con sal y pimienta y bata de nuevo. Introduzca la sopa en el frigorífico hasta la hora de servirla.

Por último, retire la sopa del frigorífico, agréguele el pepino y la cebolleta reservados, espolvoree por encima el perejil y la paprika, y sírvala.

Puede preparar unas tostaditas, untarlas con un queso blando y servirlas de acompañamiento.

Tiempo de realización: 20 minutos   Calorías por ración: 78

124

Tallarines con salsa de gambas

Ingredientes para 4 personas:

400 g de tallarines (cintas, espaguetis)
2 cucharadas de aceite
1 diente de ajo picado
200 g de tomate (jitomate) frito
3 cucharadas de vino tinto
1 cucharada de perejil picado
1/2 cucharadita de azúcar
1/2 cucharadita de estragón seco, picado
250 g de gambas (camarones) pelados
Sal y pimienta

Cocine la pasta en abundante agua hirviendo con sal, hasta que esté "al dente".

Mientras tanto, caliente el aceite en una sartén y sofría el ajo. Agregue todos los ingredientes restantes, excepto las gambas, y cocine durante 2 o 3 minutos.

Si cuece previamente las cáscaras y las cabezas de las gambas y utiliza este agua para cocinar la pasta, los tallarines tomarán un delicioso sabor a marisco.

A continuación, incorpore las gambas, sazone con sal y pimienta y cocine durante 2 o 3 minutos más.

Por último, escurra bien la pasta, mézclela con la salsa preparada y sírvala bien caliente.

Tiempo de realización: 15 minutos   Calorías por ración: 321

Tallarines en salsa de nueces

Ingredientes para 4 personas:
350 g de tallarines verdes (cintas, espaguetis)
100 g de nueces peladas
25 g de mantequilla ablandada
1 diente de ajo picado
150 g de nata (crema de leche) líquida
150 g de queso rallado
Sal y pimienta

Cocine la pasta en abundante agua hirviendo con sal, hasta que esté "al dente".

Mientras tanto, vierta las nueces en la batidora junto con la mantequilla, el ajo, la nata, sal y pimienta y mezcle todo bien, triturando las nueces.

Cuando la pasta esté cocinada, escúrrala y mézclela con la salsa preparada. Cocine todo junto durante 2 minutos, para que se combinen bien los sabores y sírvala espolvoreada con el queso rallado.

Si dispone de microondas, caliente en él la pasta antes de servirla. En caso contrario, hágalo en una sartén antiadherente o en una cacerola de fondo grueso.

Tiempo de realización: 20 minutos   Calorías por ración: 400

Tortellini a la provenzal

Ingredientes para 4 personas:
400 g de tortellini
4 cucharadas de aceite
4 dientes de ajo picados
1 cebolla picada
1/2 pimiento (pimentón) rojo, picado
1/2 pimiento (pimentón) verde, picado
1 cucharadita de pimentón (color) en polvo
1 vaso de vino blanco seco
5 cucharadas de puré de tomate (jitomate)
1 manojo de perejil picado
12 almendras picadas
Sal

Cocine los tortellini en abundante agua hirviendo con sal, hasta que estén "al dente".

Mientras tanto, caliente el aceite en una sartén al fuego y rehogue los dientes de ajo y la cebolla hasta que estén transparentes. Incorpore los pimientos rojo y verde y continúe rehogando durante 10 minutos más.

A continuación, agregue el pimentón, déle unas vueltas y riegue con el vino. Cuando éste se evapore ligeramente, añada el puré de tomate y el perejil picado y cocine unos minutos. Incorpore las almendras, rectifique la sazón, mezcle y aparte del fuego, reservando al calor.

Cuando la pasta esté cocinada, escúrrala, mézclela con la salsa preparada y sirva bien caliente.

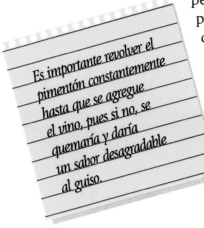

Es importante revolver el pimentón constantemente hasta que se agregue el vino, pues si no, se quemaría y daría un sabor desagradable al guiso.

Tiempo de realización: 20 minutos   Calorías por ración: 448

Tortellini con tomate

Ingredientes para 4 personas:
250 g de tortellini
3 cucharadas de aceite
1 cebolla pequeña, picada
1 diente de ajo picado
500 g de tomate (jitomate) triturado
1 cucharadita de orégano picado
1 hoja de laurel picada
1 cucharada de albahaca picada
1 cucharada de perejil picado
100 g de queso rallado
Sal

Cocine los tortellini en abundante agua hirviendo con sal, hasta que estén "al dente".

Mientras tanto, caliente el aceite y rehogue la cebolla y el ajo hasta que estén transparentes. Incorpore el tomate y las hierbas, sazone y cocine durante 10 minutos.

A continuación, escurra la pasta, mézclela con la salsa preparada, espolvoree por encima el queso y sírvala bien caliente.

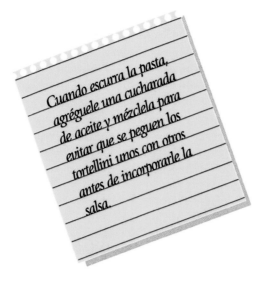

Cuando escurra la pasta, agréguele una cucharada de aceite y mézclela para evitar que se peguen los tortellini unos con otros antes de incorporarle la salsa.

Tiempo de realización: 15 minutos   Calorías por ración: 418

Tortillas de bechamel

Ingredientes para 4 personas:
4 huevos
4 cucharadas de aceite
50 g de jamón serrano, picado
5 cucharadas de harina
600 ml de leche
400 g de tomate (jitomate) frito
30 g de almendras molidas
2 cucharadas de vino blanco
25 g de queso rallado
Sal y pimienta

Caliente 3 cucharadas de aceite en una sartén y rehogue el jamón. Añada 3 cucharadas de harina, sofríala ligeramente e incorpore poco a poco, sin dejar de remover, 1/2 litro de leche hirviendo. Cocine todo a fuego lento hasta que espese.

Mientras tanto, vierta el tomate frito en un cazo, agréguele las almendras, el vino y sal y pimienta y cocínelo durante 5 minutos, revolviendo de vez en cuando.

A continuación, disuelva la harina reservada en la leche restante. Bata los huevos, agrégueles la mezcla de leche y harina y sazone.

Seguidamente, engrase una sartén con aceite, vierta una cuarta parte de la mezcla y cuaje una tortilla plana. Haga otras 3 tortillas de la misma forma.

Por último, reparta la bechamel entre las 4 tortillas, enróllelas y póngalas en una fuente refractaria. Vierta por encima la salsa de tomate, espolvoréelas con el queso y hornéelas durante 10 minutos. Sírvalas con ensalada.

Tiempo de realización: 30 minutos   Calorías por ración: 486

Atún con salmorejo

Ingredientes para 4 personas:
4 filetes de atún (bonito, tuna) de 2 cm de grosor
3 tomates (jitomates) muy rojos
1 diente de ajo troceado
30 g de pan del día anterior, remojado en agua
5 cucharadas de aceite
1 cucharada de vinagre
Sal

Prepare el salmorejo. Trocee los tomates y viértalos en la batidora junto con el ajo, el pan remojado, 4 cucharadas de aceite, el vinagre y sal. Bata todo hasta obtener una salsa homogénea, pásela por un chino o pasapurés y resérvela.

A continuación, lave y seque el atún. Engrase una parrilla con el aceite restante, sazone el atún y áselo por ambos lados.

Por último, sirva el atún colocando los filetes sobre la base de salmorejo y decórelos al gusto.

Para que el atún quede jugoso, debe ponerlo en la parrilla cuando ésta esté muy caliente y no cocinarlo demasiado para que no se seque.

Tiempo de realización: 15 minutos   Calorías por ración: 443

Bacalao a la mostaza

Ingredientes para 4 personas:
1 kg de bacalao o pargo fresco
2 yemas de huevo
2 tazas de nata (crema de leche) líquida
2 cucharadas de mostaza
2 cucharadas de perejil picado
1 taza de encurtido (pepinillos, aceitunas, zanahorias, etc.
en vinagre) picado muy fino
1 cucharada de azúcar
Sal

Coloque el bacalao previamente sazonado en una fuente refractaria e introdúzcalo en el horno, precalentado a 180° C (350° F), durante 15 minutos. Retire el pescado del horno y déjelo enfriar.

A continuación, bata las yemas de huevo, añádales la nata, la mostaza, el perejil, el encurtido y el azúcar, y mezcle bien todos los ingredientes de manera que obtenga una salsa homogénea.

Por último, retire la piel y las espinas del pescado. Déle su forma inicial, cúbralo con la salsa preparada y sírvalo acompañado de patatas cocidas al vapor y ensalada.

Si quiere que la salsa quede más espesa, bata la nata ligeramente antes de mezclarla con los restantes ingredientes.

Tiempo de realización: 25 minutos   Calorías por ración: 616

Berberechos a las hierbas

Ingredientes para 4 personas:
1 kg de berberechos (chipi-chipi)
1 taza de arroz de grano largo
2 cucharadas de mantequilla
1 cucharadita de mostaza
2 cucharadas de nata (crema de leche) líquida
Hierbas al gusto: perifollo, estragón, perejil, etc.
El zumo (jugo) de 1/2 limón
Sal y pimienta

Ponga los berberechos en un colador y páselos bajo un chorro de agua fría, agitando bien para que se laven. Viértalos en una cacerola, cúbralos con agua y cocínelos a fuego fuerte hasta que se abran. Cuélelos y reserve el caldo y los berberechos por separado.

A continuación, cocine el arroz en el caldo de los berberechos, sazonado y añadiendo agua hasta completar 2 tazas de líquido.

Mientras tanto, caliente la mantequilla en un cacito e incorpore la mostaza, la nata, las hierbas, el zumo de limón y sal y pimienta.

Por último, mezcle la salsa con el arroz y sírvalo rodeado con los berberechos.

Si desea realizar el plato con más rapidez, utilice el arroz previamente cocido y mézclelo con la salsa al fuego para calentarlo.

Tiempo de realización: 30 minutos   Calorías por ración: 364

Boquerones abuñuelados

Ingredientes para 4 personas:

500 g de boquerones (anchoas, anchovas) grandes
5 cucharadas de harina
1 cucharada de levadura en polvo
1 taza de agua
1 clara de huevo
Aceite para freír
Sal

Limpie bien los boquerones despojándolos de la cabeza y la espina central y sepárelos en 2 filetes. Lávelos bien y séquelos con papel absorbente de cocina.

A continuación, mezcle en un cuenco grande la harina, la levadura y un poco de sal. Añádales poco a poco el agua, batiendo constantemente con un tenedor hasta obtener una pasta cremosa y sin grumos.

Seguidamente, bata la clara de huevo a punto de nieve y mézclela con el preparado anterior con movimientos envolventes para que no se baje.

Por último, caliente abundante aceite en una sartén. Pase los lomos de los boquerones por la pasta preparada y fríalos hasta que estén dorados y crujientes. Déjelos escurrir sobre papel absorbente para eliminar el exceso de grasa y sírvalos decorándolos al gusto.

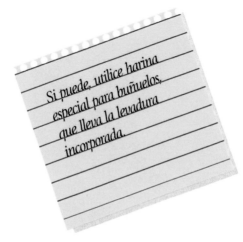

Si puede, utilice harina especial para buñuelos, que lleva la levadura incorporada.

Tiempo de realización: 30 minutos   Calorías por ración: 275

Brochetas de gambas

Ingredientes para 4 personas:
12 gambas (camarones) grandes
1 cucharada de aceite
Sal

Para la salsa:
1 taza de caldo preparado con las cáscaras de las gambas
1 cucharada de mantequilla
1 cucharada de concentrado de tomate
1 cucharadita de estragón molido
1 cucharadita de perejil picado
Sal y pimienta

Ensarte las gambas en unas brochetas de madera. Sazónelas y barnícelas con el aceite.

A continuación, ponga una plancha o sartén al fuego, y cuando esté bien caliente, ase las brochetas por ambos lados.

Seguidamente, vierta todos los ingredientes de la salsa en un cazo. Póngalo al fuego y caliéntelos hasta que la mantequilla esté totalmente derretida.

Por último, sirva las brochetas con ensalada al gusto y la salsa en salsera aparte.

Asegúrese de que la plancha o sartén esté bien caliente antes de colocar las brochetas sobre ella.

Tiempo de realización: 10 minutos   Calorías por ración: 140

Cigalas al estragón

Ingredientes para 4 personas:

16 cigalas medianas
3 cucharadas de aceite
1 cebolla picada
Unas ramitas de estragón fresco
1 copa de brandy (cognac)
Sal y pimienta

Retire las cabezas de las cigalas, pélelas con cuidado de no romperlas y córtelas por la mitad en sentido longitudinal. Resérvelas aparte.

A continuación, caliente el aceite en una sartén y rehogue la cebolla a fuego lento hasta que esté transparente. Incorpore el estragón y mézclelo con la cebolla.

Seguidamente, agregue las colas de las cigalas y rehóguelas ligeramente mezclándolas con la cebolla y el estragón.

Por último, caliente el brandy en un cazo, préndale fuego y flambee las cigalas. Sazónelas con sal y pimienta y deje todo al fuego un par de minutos para que dé un hervor. Sírvalas de inmediato decorándolas al gusto.

Para asegurarse que no se pasa de tiempo del cocinado de las cigalas, puede cocinarlas sin pelar.

Tiempo de realización: 20 minutos   Calorías por ración: 211

Cóctel de langostinos

Ingredientes para 4 personas:

- ✓ 16 langostinos
- ✓ 1 lechuga
- ✓ 1 huevo
- ✓ 250 ml de aceite
- ✓ El zumo (jugo) de 1/2 limón
- ✓ 3 cucharadas de catsup (ketchup)
- ✓ 2 cucharadas de nata (crema de leche) líquida
- ✓ 2 cucharadas de brandy (cognac)
- ✓ 4 rodajas de limón
- ✓ Sal y pimienta blanca

1

Ponga una cazuela con abundante agua y sal al fuego. Cuando comience a hervir, incorpore los langostinos, espere que vuelva a hervir y cocínelos 1 o 2 minutos. Retírelos del agua, déjelos enfriar y pélelos **(1)**, dejando 4 langostinos con cáscara. Trocee los restantes y resérvelos.

2

A continuación, deseche las hojas exteriores de la lechuga y lave bien el cogollo con agua fría, separe cuatro hojas para la decoración y pique el resto en juliana.

Seguidamente, prepare una mayonesa con el huevo, el aceite, el zumo de limón y sal y pimienta. Viértala en un cuenco grande y agréguele el catsup **(2)**, la nata y el brandy, removiendo todo para mezclarlo bien.

3

Por último, incorpore los langostinos y la lechuga a la salsa rosa preparada y vierta el preparado en copas de cóctel **(3)**. Decore el cóctel con las hojas de lechuga y los langostinos reservados, ponga en cada copa 1 rodaja de limón y sírvalas bien frías.

Tiempo de realización: 30 minutos	Calorías por ración: 737

Gambas en gabardina

Ingredientes para 4 personas:

24 gambas (camarones)
1 huevo
6 cucharadas de harina
1 vaso de cerveza rubia
Aceite para freír
Sal

Pele las gambas, dejándoles la cáscara del final de las colas.

A continuación, bata el huevo en un cuenco, agréguele la harina y mezcle todo bien. Incorpore la cerveza poco a poco, removiendo sin parar hasta conseguir una pasta espesa. (La cantidad de cerveza variará en función de la clase de harina). Sazone todo ligeramente y mézclelo bien.

Seguidamente, caliente abundante aceite en una sartén al fuego.

Por último, sujete las gambas por la cola y sumérjalas, una a una, en la pasta preparada. Vaya echándolas en la sartén y fríalas hasta que estén bien doradas. Según las retira del aceite, déjelas escurrir sobre papel absorbente para que no tengan tanta grasa, y sírvalas recién hechas con ensalada o acompañadas al gusto.

Procure freír las gambas con abundante aceite bien caliente para que floten y no rocen el fondo de la sartén

Tiempo de realización: 25 minutos   Calorías por ración: 194

Langostinos aromáticos

Ingredientes para 4 personas:
- ✓ 1 kg de langostinos
- ✓ 1 copa de ron
- ✓ 4 cucharadas de miel
- ✓ 1/4 cucharadita de jengibre
- ✓ Perejil fresco
- ✓ Sal

Pele los langostinos, límpielos bien y déjeles la punta de la cola (1). Colóquelos en un recipiente, en una sola capa.

A continuación, vierta en un cuenco el ron junto con la miel, el jengibre y un poquito de sal.

Seguidamente, bata bien la mezcla y viértala sobre los langostinos (2). Déjelos macerar en el frigorífico durante 2 horas.

Por último, caliente al fuego una plancha o sartén y ase los langostinos, untándolos con la marinada restante (3). Sírvalos espolvoreados con perejil picado y acompañados con arroz blanco o al gusto.

1

2

3

Tiempo de realización: 30 minutos   Calorías por ración: 331

Langostinos estilo chino

Ingredientes para 4 personas:
24 langostinos
3 cucharadas de salsa de soja
1/2 taza de catsup (ketchup)
1/2 copa de vino blanco, seco
1 cucharadita de vinagre
1 cucharadita de azúcar morena
1 cucharada de maicena (fécula de maíz)
2 cucharadas de agua
1 cucharada de aceite de oliva
300 g de semillas de sésamo (ajonjolí)

Vierta en un cazo la salsa de soja, el catsup, el vino, el vinagre y el azúcar y caliente todo a fuego lento.

A continuación, disuelva la maicena en el agua, incorpórela a la salsa caliente, remueva todo bien y cocínelo durante unos minutos hasta que comience a espesar.

Seguidamente, pele los langostinos y saltéelos a fuego fuerte en una sartén con el aceite bien caliente.

Por último, coloque los langostinos en una fuente, rocíelos con la salsa y espolvoréelos con las semillas de sésamo. Sírvalos acompañados de ensalada al gusto.

Para esta receta puede utilizar gambas grandes congeladas, peladas.

Tiempo de realización: 15 minutos   Calorías por ración: 257

Lenguado con almejas

Ingredientes para 2 personas:

✓ 1 lenguado grande
✓ 1 huevo batido
✓ Pan rallado
✓ 500 g de almejas (pepitonas)
✓ 50 g de jamón serrano, picado
✓ Aceite para freír
✓ 2 cucharadas de perejil picado
✓ Sal

1

Limpie bien el lenguado, quitándole la piel. Sálelo y rebócelo en huevo y pan rallado **(1)**.

A continuación, caliente abundante aceite en una sartén y fría el lenguado hasta que esté uniformemente dorado por ambas partes. Retírelo de la sartén y manténgalo al calor.

Mientras tanto, lave las almejas con abundante agua para que eliminen toda la arena. Viértalas en un cazo con un poco de agua salada y póngalo al fuego hasta que se abran.

2

Coloque el jamón en un plato y mézclelo con el perejil picado y 2 o 3 cucharadas de pan rallado **(2)**.

Seguidamente, retire las conchas vacías de las almejas y rellene las otras con la mezcla preparada **(3)**. Colóquelas en una fuente refractaria e introdúzcalas en el horno, precalentado a 190° C (375° F), durante 5 minutos aproximadamente.

Por último, ponga el lenguado en una fuente, rodéelo con las almejas gratinadas y decórelo al gusto.

3

| Tiempo de realización: 20 minutos | Calorías por ración: 511 |

Mejillones al estragón

Ingredientes para 4 personas:
1 1/2 kg de mejillones (choros, moule)
1 copa de vino blanco
Unas hojas de estragón fresco
2 cucharadas de aceite
1 cebolla pequeña, picada
1 diente de ajo picado
1 trozo de guindilla (ají)
1 cucharada de harina
Unas hebras de azafrán (achiote, color)
Sal y pimienta

Limpie bien los mejillones y póngalos en una cacerola al fuego. Agregue el vino y el estragón, tape la cacerola y cocínelos hasta que se abran. Retire los mejillones, deseche una de las valvas y colóquelos en una fuente, manteniéndolos calientes. Cuele el caldo y resérvelo.

A continuación, caliente el aceite en una sartén y rehogue la cebolla, el ajo y la guindilla, durante unos minutos.

Seguidamente, incorpore la harina y el azafrán, revuelva y rocíe todo con el caldo de los mejillones reservado. Sazone con sal y pimienta y cocine la salsa hasta que ligue.

Por último, cubra los mejillones con la salsa preparada y sírvalos inmediatamente.

Puede comprar los mejillones congelados y preparar la salsa de la misma manera pero agregando un cubito de caldo de pescado.

Tiempo de realización: 20 minutos   Calorías por ración: 182

158

Mero al chocolate

Ingredientes para 6 personas:
- ✓ 1 1/4 kg de mero
- ✓ 100 ml de aceite
- ✓ 2 cucharadas de mantequilla
- ✓ 250 g de setas o champiñones
- ✓ 2 cebollas picadas
- ✓ 1 cucharadita de tomillo seco
- ✓ 1 cucharadita de orégano seco
- ✓ 1 cucharada de perejil picado
- ✓ 1 cucharada de harina
- ✓ 300 ml de agua
- ✓ 150 ml de vino blanco
- ✓ 1 onza de chocolate rallado
- ✓ El zumo (jugo) de 1 limón
- ✓ Sal

Para la guarnición:
- ✓ 300 g de guisantes (arvejas, chícharos)
- ✓ 1 cebolla pequeña, picada
- ✓ 3 cucharadas de aceite
- ✓ 1 pimiento (pimentón) rojo, de lata

Caliente el aceite y la mantequilla en una cacerola, agregue las setas o champiñones fileteados y las cebollas, y rehóguelos unos minutos. Incorpore el orégano y el tomillo y cocine todo hasta que la cebolla esté transparente. Agregue el perejil y la harina, déles unas vueltas y añada el agua y el vino **(1)**. Sale todo y cocínelo a fuego lento durante unos minutos.

Mientras tanto, corte el mero en trozos regulares, sálelos, colóquelos en una cazuela y espolvoree el chocolate por encima. Vierta sobre el mero la salsa preparada **(2)**, rocíelo con el zumo de limón y cocínelo a fuego lento unos minutos hasta que esté en su punto.

Mientras tanto, cueza los guisantes en agua con sal. Caliente el aceite en una sartén y rehogue la cebolla. Cuando los guisantes estén cocidos escúrralos bien, incorpórelos a la sartén y rehóguelos un par de minutos.

Por último, sirva el mero con los guisantes y el pimiento en tiras.

Tiempo de realización: 30 minutos   Calorías por ración: 510

Ostras a la mantequilla de naranja

Ingredientes para 4 personas:

24 ostras (ostiones)
30 g de mantequilla
1 cucharada de aceite
El zumo (jugo) de 1 naranja
El zumo (jugo) de 1/2 limón
La ralladura de 1/2 naranja
2 naranjas cortadas en rodajas muy finas
Sal y pimienta

Lave bien las ostras y colóquelas en una cazuela. Tápela y póngala al fuego hasta que las ostras se abran. Sepárelas de las valvas y resérvelas.

A continuación, ponga en un cazo la mantequilla, el aceite, los zumos de naranja y limón, y la ralladura de naranja. Sazone con sal y pimienta y cocine todo a fuego lento durante unos minutos, sin dejar de remover.

Seguidamente, ponga las rodajas de naranja en una fuente o en platos especiales para ostras, y coloque una ostra sobre cada rodaja.

Por último, rocíelas con la salsa preparada y sírvalas.

Para abrir las ostras, también puede colocarlas en un colador grande y éste sobre una cazuela con agua hirviendo. Manténgalas al vapor un par de minutos y ábralas.

Tiempo de realización: 15 minutos   Calorías por ración: 161

162

Pescado al horno en vinagreta

Ingredientes para 4 personas:

1 1/4 kg de róbalo o pargo
4 cucharadas de aceite
3 dientes de ajo
1 taza de caldo de pescado
1 hoja de laurel

Para la vinagreta:
2 tomates (jitomates) cortados en cubitos
1 pimiento (pimentón) verde, cortado en cubitos
1 cebolla picada
Aceite
Vinagre
Sal

Caliente el aceite en una sartén y dore los ajos sin pelarlos. Retire la sartén del fuego.

A continuación, coloque el pescado en una fuente refractaria. Sazónelo por dentro y por fuera con sal y pimienta y rocíelo con el aceite frito con los ajos. Añádale el caldo y el laurel e introdúzcalo en el horno, precalentado a 180° C (350° F), durante 20 minutos. Retírelo del horno y déjelo templar.

Mientras tanto, mezcle todos los ingredientes de la vinagreta y aderécelos con aceite, vinagre, sal y pimienta, al gusto.

Seguidamente, retire la piel del pescado con cuidado y coloque los lomos en los platos.

Por último, añada la vinagreta y sírvalo con mayonesa si lo desea, decorándolo al gusto.

Tiempo de realización: 25 minutos	Calorías por ración: 422

Rollitos de salmón rellenos

Ingredientes para 4 personas:
250 g de salmón ahumado, cortado en lonchas finas
400 g de salmón fresco
1 cebolleta (cebolla larga) grande, picada
1 cucharada de cebollino (chives) picado
1 cucharada de perejil picado
1 cucharada de vino de Jerez
4 cucharadas de mayonesa
3 cucharadas de aceite
El zumo (jugo) de 1 limón
Sal y pimienta negra recién molida

Para la guarnición:
2 cucharadas de aceite
200 g de brotes de soja germinada bien lavados y secos
Sal y pimienta negra recién molida

Pique el salmón fresco lo más menudo posible y mézclelo en un cuenco con la cebolleta, el cebollino, el perejil, el vino de Jerez, la mayonesa, el aceite y el zumo de limón. Sazone todo con sal y pimienta al gusto, mézclelo bien y déjelo reposar en el frigorífico durante 1 hora.

A continuación, extienda las lonchas de salmón ahumado y rellénelas con el preparado anterior, formando rollitos. Vuelva a introducirlos en el frigorífico.

Seguidamente, prepare la guarnición. Caliente el aceite en una sartén al fuego, añada los brotes de soja, sazónelos con sal y pimienta y saltéelos durante 5 o 6 minutos hasta que estén tiernos.

Por último, retire los rollitos del frigorífico, colóquelos en una fuente de servir o bien en platos individuales, y acompáñelos con los brotes de soja decorándolos al gusto.

Tiempo de realización: 20 minutos   Calorías por ración: 487

Salmón al vino blanco

Ingredientes para 4 personas:
2 colas de salmón de 500 g cada una, sin piel ni espinas
250 g de setas (hongos) de cardo, troceadas
1 hoja de laurel
1 copa de vino blanco
1 cucharada de maicena (fécula de maíz)
1/2 taza de agua
Sal y pimienta

Lave el salmón, séquelo con papel absorbente y colóquelo en una fuente refractaria. Sazónelo con sal y pimienta y ponga alrededor y por encima las setas y el laurel troceado. Rocíelo con el vino y cúbralo con papel de aluminio.

A continuación, introduzca la fuente refractaria en el horno, precalentado a 180° C (350° F), durante 12 o 14 minutos, dependiendo del grosor del pescado.

Seguidamente, retírelo del horno y vierta en un cazo el caldo que haya en la fuente. Agregue al caldo la maicena y el agua y cocine todo hasta que la salsa ligue.

Por último, reparta el salmón en 4 platos y sírvalo con las setas y la salsa preparada por encima.

Recuerde que las salsas con harina deben removerse continuamente con una cuchara de madera hasta que liguen para evitar que tengan grumos.

Tiempo de realización: 20 minutos   Calorías por ración: 445

Sardinas rellenas

Ingredientes para 4 personas:
- ✓ *12 sardinas grandes*
- ✓ *El zumo (jugo) de 1 limón*
- ✓ *1 huevo cocido*
- ✓ *3 huevos*
- ✓ *1 diente de ajo picado*
- ✓ *1 ramita de perejil picado*
- ✓ *1 loncha de jamón serrano, picado*
- ✓ *2 cucharadas de queso rallado*
- ✓ *Harina para enharinar*
- ✓ *Pan rallado para el rebozado*
- ✓ *Aceite para freír*
- ✓ *Sal*

1

Limpie las sardinas quitándoles las cabezas, las vísceras y la espina central. Lávelas bien, séquelas y colóquelas en una fuente. Sazónelas ligeramente y rocíelas con el zumo de limón.

A continuación, pique el huevo cocido (1) y viértalo en un cuenco, agréguele 1 huevo batido, el ajo, el perejil, el jamón y el queso y mezcle todo bien.

2

Seguidamente, ponga las sardinas abiertas sobre una superficie y reparta el relleno en el centro de cada una (2). Ciérrelas dándoles su forma original y páselas primero por harina (3), a continuación por los huevos restantes previamente batidos y finalmente por pan rallado.

Por último, fría las sardinas en abundante aceite caliente hasta que estén doradas por ambos lados y sírvalas con ensalada.

3

Tiempo de realización: 30 minutos   Calorías por ración: 683

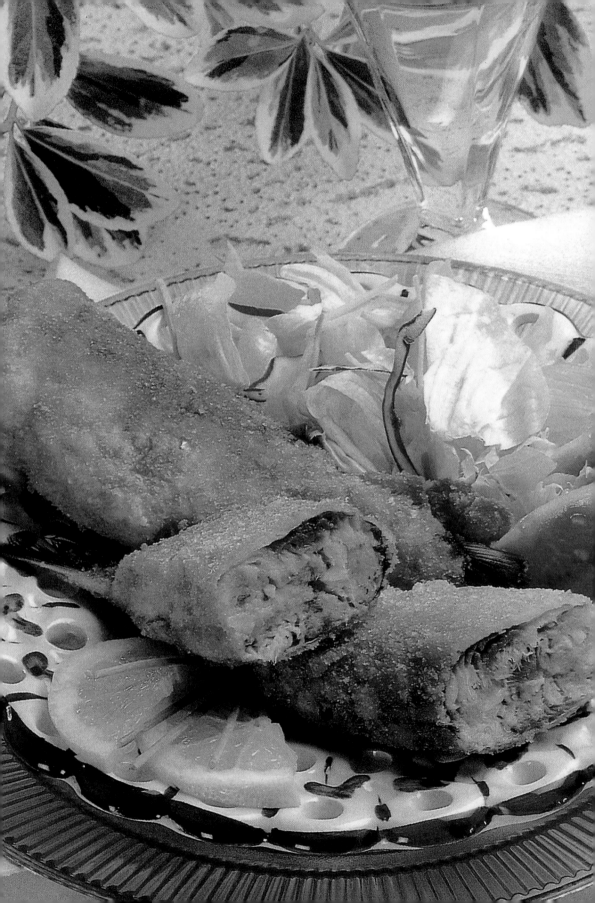

Sardinitas escabechadas

Ingredientes para 4 personas:
- ✓ 750 g de sardinas pequeñas
- ✓ 10 cucharadas de aceite
- ✓ 1 cebolla mediana, picada
- ✓ 3 dientes de ajo picados
- ✓ 8 o 10 granos de pimienta negra
- ✓ 6 hojas de laurel
- ✓ 1 copa de vino blanco
- ✓ 1/2 copa de vinagre
- ✓ Sal

1

Limpie las sardinas quitándoles la cabeza, las escamas y las vísceras, y lávelas bien.

A continuación, caliente 2 cucharadas de aceite en una sartén y rehogue la cebolla y los ajos hasta que estén transparentes. Incorpore la pimienta y el laurel y rehóguelos unos minutos. Agregue el vino (**1**), el vinagre y el aceite restante y mezcle todo bien.

2

Seguidamente, coloque las sardinas en una cazuela de barro (**2**), sazónelas ligeramente, vierta sobre ellas el escabeche preparado (**3**) y cocine todo junto a fuego lento durante 10 minutos. Apártelas del fuego y déjelas enfriar.

En general, los escabeches no se deben servir hasta pasadas 24 horas de su preparacion para que tomen bien el sabor.

3

Tiempo de realización: 30 minutos   Calorías por ración: 621

Tartar de ahumados

Ingredientes para 4 personas:

250 g de salmón ahumado, cortado en lonchas finas
150 g de esturión ahumado
150 g de trucha ahumada
El zumo (jugo) de 1 limón
1 cucharada de vino de Jerez
1 cucharadita de perejil picado
1 cucharadita de cebollino (chives) picado
3 cucharadas de aceite
1 cebolleta (cebolla larga) muy picada
Sal y pimienta

Pique el esturión y la trucha en trocitos muy pequeños sobre una tabla con un cuchillo muy afilado y colóquelos en un cuenco.

A continuación, agrégueles el zumo de limón, el vino, el perejil, el cebollino, el aceite y la cebolleta. Condiméntelos ligeramente con pimienta, mezcle todo bien y resérvelos en el frigorífico hasta la hora de servir.

Por último, forme los paquetitos con las lonchas de salmón ahumado, coloque en su interior el preparado anterior y decore los platos al gusto.

Si lo desea, puede acompañar el plato con una salsa hecha con aceite, mostaza, unas gotas de limón y caviar de mujol.

Tiempo de realización: 15 minutos   Calorías por ración: 355

174

Terrina de merluza y verduras

Ingredientes para 6 personas:
2 lomos de merluza (corvina, pescada) de 250 g cada uno
2 tazas de caldo de pescado
1 calabacín (calabacita, chauchita, zucchini) cortado en dados pequeños
3 zanahorias cortadas en dados pequeños
1 cucharada de mantequilla
1 latita de huevas de mujol
1 sobre de gelatina en polvo, sin sabor
1 taza de mayonesa
50 g de atún en aceite
1 cucharadita de mostaza
1 cucharada de alcaparras picadas
1 cucharadita de estragón picado
1 cucharadita de perejil picado
Sal

Caliente el caldo y cocine el pescado durante 6 o 7 minutos. Déjelo enfriar sumergido en el caldo.

Mientras tanto, cocine el calabacín y las zanahorias por separado en agua con sal. Escúrralos bien.

A continuación, engrase con la mantequilla un molde rectangular y coloque el calabacín cubriendo toda la base del molde. Ponga encima un lomo de pescado reparta las huevas de mujol sobre el mismo. Coloque sobre las huevas el otro lomo de pescado y termine de llenar el molde con las zanahorias.

Seguidamente, disuelva la gelatina en 1 1/2 tazas del caldo de cocer el pescado y vierta en el molde. Introdúzcalo en el frigorífico durante 5 horas o hasta que esté bien cuajado.

Por último, ponga en la batidora la mayonesa junto con el atún, las alcaparras, la mostaza y las hierbas y bata hasta que la salsa esté homogénea. Desmolde la terrina, córtela en lonchas gruesas y sírvala con la salsa preparada.

Tiempo de realización: 30 minutos   Calorías por ración: 279

Truchas a la griega

Ingredientes para 4 personas:

4 truchas de ración
3 tomates (jitomates) rojos pero firmes
3 cucharadas de aceite
2 dientes de ajo picados
1 cucharadita de tomillo picado
1 cucharadita de perejil picado
10 o 12 aceitunas (olivas) negras, picadas
Sal y pimienta

Limpie muy bien las truchas, lávelas y séquelas. Con un cuchillo bien afilado, hágales un corte a lo largo del lomo, extraiga la espina central y resérvelas.

A continuación, escalde los tomates en agua hirviendo, refrésquelos, pélelos y córtelos en cuadraditos.

Seguidamente, caliente el aceite en una sartén y dore los ajos. Agregue los tomates y saltéelos a fuego fuerte durante un par de minutos. Retire la sartén del fuego, escurra bien los tomates, reservando el líquido que hayan soltado, y agrégueles el tomillo, el perejil y las aceitunas negras. Sazónelos con sal y pimienta y mezcle todo bien.

Por último, sazone las truchas, rellénelas con el preparado anterior y colóquelas en una fuente refractaria. Rocíelas con el jugo reservado de los tomates e introduzca la fuente en el horno, precalentado a 205º C (400º F), durante 15 minutos. Sírvalas bien calientes.

Tiempo de realización: 20 minutos   Calorías por ración: 246

Truchas al aguardiente

Ingredientes para 4 personas:

8 truchas pequeñas de unos 150 g cada una
Harina para enharinar
250 ml de aceite
4 dientes de ajo picados
8 guindillas (ajíes) pequeñas
200 g de jamón cortado en tiras
1 cucharada de perejil picado
1/2 copita de vino blanco
1/2 copita de aguardiente
Sal

Limpie bien las truchas por dentro y por fuera y lávelas bajo un chorro de agua fría. Séquelas cuidadosamente con un paño de cocina y córtelas en cuatro trozos, incluida la cabeza. Sazónelas y páselas por harina.

A continuación, caliente el aceite en una sartén al fuego y fría los trozos de trucha hasta que estén dorados.

Seguidamente, agregue los ajos, las guindillas y las tiras de jamón y sofría todo ligeramente. Añada el perejil picado, déle unas vueltas y retire la sartén del fuego.

Por último, retire parte del aceite de la sartén e incorpore el vino blanco y el aguardiente. Prenda fuego para flamearlo todo y sírvalo decorado con perejil y rodajitas de limón o al gusto.

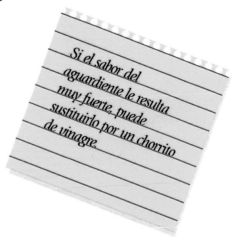

Si el sabor del aguardiente le resulta muy fuerte, puede sustituirlo por un chorrito de vinagre.

Tiempo de realización: 20 minutos   Calorías por ración: 879

Brochetas de cerdo

Ingredientes para 4 personas:
500 g de magro de cerdo (cochino, chancho) cortado en dados
3 cucharadas de aceite
1 cucharadita de ralladura de naranja
El zumo (jugo) de 1/2 naranja
Mejorana, romero, tomillo, picados u otras hierbas
1 cucharada de salsa de soja
8 ciruelas pasas
4 lonchas de bacon (tocineta ahumada)
1 manzana roja, cortada en trozos
4 tomatitos (jitomates) de jardín, cortados por la mitad
50 g de brócoli (brécol) cocido
Sal y pimienta

Ponga en un cuenco el aceite, la ralladura y el zumo de naranja, las hierbas, la salsa de soja, sal y pimienta. Mezcle todo bien, agregue la carne, mézclelo de nuevo, cúbralo con hoja plástica transparente e introdúzcalo en el frigorífico durante 2 horas como mínimo.

Mientras tanto, deshuese las ciruelas y divida cada loncha de bacon en dos. Envuelva cada ciruela en media loncha de bacon.

A continuación, cuando haya transcurrido el tiempo de maceración, ensarte las brochetas alternando todos los ingredientes.

Por último, caliente una plancha engrasada con aceite y ase las brochetas, sazonándolas con sal y pimienta y dándoles varias vueltas para que se hagan por todos los lados. Sírvalas con ensalada si lo desea.

Tiempo de realización: 15 minutos	Calorías por ración: 486

Carne a la boloñesa

Ingredientes para 4 personas:
300 g de carne de ternera (añojo, mamón, novilla) picada
3 cucharadas de aceite
1 cebolla pequeña, picada
2 dientes de ajo picados
2 cucharadas de vino blanco
50 g de champiñones (hongos, setas) picados
250 g de tomate (jitomate) frito
1 cucharadita de orégano
Sal y pimienta

Caliente el aceite en una sartén grande y sofría la cebolla y los ajos hasta que estén ligeramente dorados.

A continuación, agregue la carne y rehóguela removiendo con una cuchara de madera hasta que esté suelta.

Seguidamente, incorpore el vino y cocine todo unos minutos para que se evapore. Añada los champiñones, el tomate, el orégano y sazónelo con sal y pimienta. Revuelva todo bien y cocínelo a fuego lento durante 15 minutos.

Por último, retire la carne del fuego y sírvala con arroz cocido con azafrán, pasta o puré de patatas.

También puede utilizar esta carne para cubrir una pizza, hacer rellenos, etc.

Tiempo de realización: 25 minutos   Calorías por ración: 220

184

Carré de cordero

Ingredientes para 4 personas:
1 kg de costillar de cordero en una pieza
100 ml de aceite
1 cebolla mediana, picada
2 dientes de ajo picados
50 g de champiñones (hongos, setas) troceados
1 cucharada de tomate (jitomate) frito
1 tacita de caldo de carne
1 copa de jerez
Sal y pimienta

Ponga el costillar en una fuente refractaria, sazónelo con sal y pimienta y rocíelo con la mitad del aceite. Introduzca la fuente en el horno, precalentado a 190° C (375° F), durante 30 minutos.

Mientras tanto, caliente el aceite restante en una sartén y rehogue la cebolla y los ajos durante unos minutos. Incorpore los champiñones y cocine todo junto durante 5 minutos.

A continuación, cuando la carne esté tierna, retírela del horno y resérvela.

Seguidamente, agregue a la fuente el sofrito preparado, el tomate, el vino y el caldo. Ponga la fuente al fuego y cocine todo junto, revolviendo con una cuchara de madera para que se mezclen bien los sabores.

Por último, retire los champiñones de la salsa y pase ésta por un chino. Sirva el costillar con los champiñones y la salsa, muy caliente, en salsera aparte. Puede acompañarlo con patatas fritas.

Tiempo de realización: 45 minutos   Calorías por ración: 896

Chuletas con cerezas

Ingredientes para 4 personas:

4 chuletas de ternera (añojo, becerra, mamón)
50 g de mantequilla
3 chalotas picadas
250 g de cerezas (guindas) deshuesadas
2 cucharadas de mosto
3 cucharadas de kirsch
Sal y pimienta negra recién molida

Caliente la mantequilla en un cazo, reservando 1 cucharada y rehogue las chalotas hasta que estén transparentes.

A continuación, incorpóreles las cerezas, el mosto y el kirsch y cocine todo a fuego lento hasta que las cerezas estén tiernas.

Seguidamente, caliente la mantequilla restante en una sartén y fría las chuletas un par de minutos por cada lado a fuego fuerte, hasta que estén doradas a su gusto.

Por último, sazónelas con sal y pimienta negra, colóquelas en los platos, cúbralas con la salsa preparada y sírvalas bien calientes.

Puede acompañar las chuletas con rosetones de puré de patatas, al horno, u otro preparado a base de patatas.

Tiempo de realización: 20 minutos   Calorías por ración: 568

Chuletas con salsa de fresas

Ingredientes para 4 personas:
16 chuletitas de cordero
2 cucharadas de mantequilla
1 cebolla pequeña, picada
250 g de fresas (frutillas)
1 cucharada de vinagre
1 pizca de azúcar
Sal y pimienta

Caliente 1 cucharada de mantequilla en un cazo y rehogue la cebolla a fuego lento hasta que esté transparente. Agregue las fresas y cocínelas, sin dejar de revolver, hasta que estén muy blanditas y casi desechas. Incorpore el vinagre, el azúcar y sal y pimienta y revuelva todo bien.

A continuación, vierta la preparación anterior en la batidora y bátala hasta obtener un puré. Viértala de nuevo en el cazo.

Seguidamente, caliente la mantequilla restante en una sartén, sazone las chuletas con sal y pimienta y fríalas a fuego fuerte hasta que estén bien doradas.

Por último, reparta las chuletas en platos de servir, caliente la salsa y ponga un poco en el centro de cada plato. Si lo desea, sirva el plato con patatas.

Cuando fría las chuletas no las sale hasta que estén casi listas. Se conservarán más jugosas.

Tiempo de realización: 30 minutos   Calorías por ración: 524

Chuletas de cordero rebozadas

Ingredientes para 4 personas:
12 chuletas de cordero con palo
1 cucharada de perejil finamente picado
1 diente de ajo prensado
100 g de pan rallado (molido)
1 huevo
Abundante aceite para freír
Sal y pimienta molida

Mezcle en un cuenco el perejil y el ajo. Sazone las chuletas, embadúrnelas bien con la mezcla de perejil y ajo y déjelas macerar durante 1 hora.

A continuación, caliente abundante aceite en una sartén y, mientras tanto, vierta el pan en un plato y en otro bata el huevo.

Seguidamente, pase las chuletas por el huevo y después por el pan rallado y fríalas en el aceite caliente hasta que estén bien doradas.

Por último, déjelas escurrir sobre papel absorbente de cocina y sírvalas con ensalada o al gusto.

Si quiere dar un toque original a las chuletas, mezcle semillas de sésamo o almendras picadas con el pan rallado. De ese modo el rebozado tomará un aspecto y sabor más agradables.

Tiempo de realización: 15 minutos   Calorías por ración: 724

Chuletas rellenas

Ingredientes para 4 personas:

4 chuletas de ternera (añojo, becerra, mamón) abiertas por la mitad
2 cucharadas de mantequilla
1 cebolla pequeña, picada
1/2 pimiento (pimentón) rojo, picado
1 pimiento (pimentón) verde, picado
100 g de granos de maíz (elote)
2 cucharadas de aceite
2 cucharadas de caldo
2 cucharadas de vino blanco
2 cucharadas de nata (crema de leche) líquida
Sal y pimienta negra

Caliente la mantequilla en una sartén y rehogue la mitad de la cebolla. Añada los pimientos y el maíz y cocine todo junto durante 10 minutos hasta que los pimientos estén tiernos. Retire la sartén del fuego.

A continuación, sazone las chuletas con sal y pimienta y rellénelas con el sofrito anterior bien escurrido de grasa.

Seguidamente, caliente el aceite en una sartén grande y fría las chuletas, teniendo mucho cuidado al darles la vuelta para que no se salga el relleno. Cuando estén bien doradas, retírelas de la sartén y resérvelas al calor.

Por último, rehogue la cebolla restante en la grasa de la sartén. Agréguele el caldo, el vino y la nata y cocine todo junto unos minutos. Cubra las chuletas con la salsa y sírvalas de inmediato, decorándolas al gusto.

Tiempo de realización: 25 minutos   Calorías por ración: 425

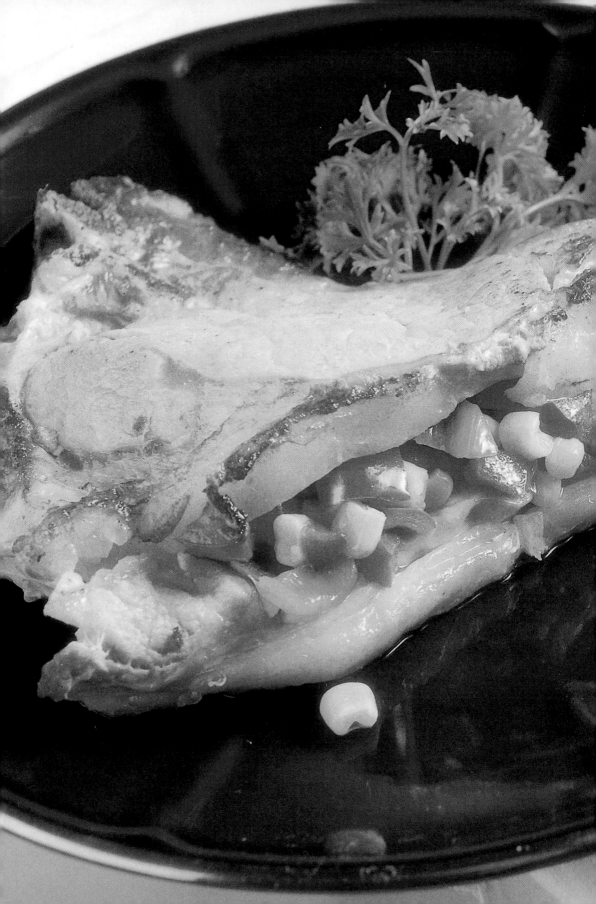

Entrecote a la pimienta

Ingredientes para 4 personas:
4 filetes de lomo de res (vaca)
1 cucharada de granos de pimienta verde
1 cucharada de salsa de soja
2 cucharadas de mostaza
2 cucharadas de aceite
1 cucharada de maicena (fécula de maíz)
1 taza de caldo
Sal

Vierta en el mortero los granos de pimienta y macháquelos ligeramente. Añada la salsa de soja y la mostaza y mezcle todo bien.

A continuación, ponga los filetes en una fuente y cúbralos con la mezcla preparada. Tape la fuente y déjelos macerar durante 1 hora.

Seguidamente, caliente el aceite y fría los filetes por ambos lados. Retírelos de la sartén, colóquelos en una fuente de servir y sálelos.

Por último, añada a la sartén la maicena y el caldo, cocine todo unos minutos hasta formar una salsa suave y homogénea, rocíe con ella los filetes y sírvalos con patatas fritas o al gusto.

Para conseguir un plato con una presentación más alegre utilice una mezcla de granos de pimienta verde, blanca y rosa a partes iguales.

Tiempo de realización: 15 minutos   Calorías por ración: 485

Envueltos de carne

Ingredientes para 4 personas:
- ✓ 8 filetes muy finos de cerdo (cochino, chancho) o de vaca (res)
- ✓ 8 lonchitas de jamón
- ✓ 2 cucharadas de tomate (jitomate) frito
- ✓ 1 cucharada de concentrado de carne
- ✓ 2 cucharadas de queso rallado
- ✓ 2 cucharadas de perejil picado
- ✓ Harina para enharinar
- ✓ 4 cucharadas de aceite
- ✓ 1 cebolla pequeña
- ✓ 1 copa de vino blanco
- ✓ Sal y pimienta negra recién molida

1

Corte los bordes de grasa de los filetes (1) y aplánelos para que queden muy finos. Sazónelos con sal y pimienta y colóquelos sobre una tabla.

A continuación, vierta en un recipiente el tomate frito, el concentrado de carne, el queso rallado y el perejil y revuelva hasta formar una pasta homogénea.

2

Seguidamente, ponga sobre cada filete una loncha de jamón y sobre ésta una cucharada del relleno anteriormente preparado (2). Enrolle los filetes sobre sí mismos formando un rollito y sujételos con un palillo de madera para que el relleno no se salga.

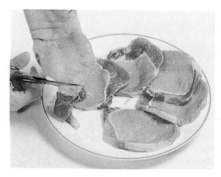

3

Por último, pase los rollitos por harina y fríalos en el aceite caliente. Incorpore la cebolla y, cuando esté transparente, rocíe con el vino (3). Tape y cocine todo a fuego muy lento durante unos 15 o 20 minutos. (Si se evapora demasiado el líquido de cocinar, agregue un poco de caldo de carne o agua). Sirva los envueltos con arroz blanco y su salsa.

Tiempo de realización: 40 minutos   Calorías por ración: 882

Lomo con pimientos

Ingredientes para 4 personas:
4 filetes de lomo (entrecot) de vaca (res) gruesos
1 lata de pimientos (pimentones) del piquillo
2 cucharadas de aceite
1 cucharada de azúcar
Sal gorda

Ponga una plancha al fuego hasta que esté muy caliente.

A continuación, unte ligeramente los filetes con aceite y póngalos sobre la plancha.

Mientras tanto, en una sartén aparte, cocine los pimientos, bien escurridos durante 1 minuto. Déles la vuelta, rocíelos con el aceite restante, espolvoréelos con la mitad del azúcar y un poco de sal y déles de nuevo la vuelta. Espolvoréelos con el azúcar restante y retírelos del fuego.

Seguidamente, cuando la carne esté dorada por un lado, déle la vuelta, sálela y cocínela por el otro lado hasta que esté a su gusto. Sirva el lomo de inmediato junto con los pimientos.

Puede mezclar el azúcar con el líquido de la lata de los pimientos y rociarlos mientras los cocina. Les acentuará el sabor.

Tiempo de realización: 10 minutos   Calorías por ración: 636

Pechuga de pavo rellena

Ingredientes para 4 personas:
1 pechuga de pavo (guajalote) deshuesada
2 huevos batidos
100 g de espinacas cocidas y picadas
100 g de carne de cerdo (cochino, chancho) picada
1 diente de ajo picado
1 vaso de vino blanco
1 cucharada de pan rallado
1 cucharada de perejil picado
5 cucharadas de aceite
1 cebolla picada
1 cucharada de concentrado de carne
250 ml de caldo de pollo
1 cucharadita de tomillo en polvo
Sal y pimienta

Mezcle los huevos con las espinacas, caliente 1 cucharada de aceite en una sartén y prepare una tortilla bien extendida.

A continuación, mezcle la carne de cerdo con el ajo, el vino, el pan rallado y el perejil.

Seguidamente, extienda la pechuga de pavo y ponga encima la tortilla. Sobre ésta reparta la carne preparada, enrolle la pechuga sobre sí misma y átela para que no pierda su forma.

Caliente el aceite restante en una cazuela al fuego y rehogue la cebolla hasta que esté transparente. Incorpore la pechuga y dórela. Agregue el concentrado de carne, el caldo, el tomillo y sal y pimienta. Tape la cazuela y cocine a fuego lento durante 25 minutos.

Por último, retire el pavo de la cazuela y córtelo en rodajas. Pase el fondo de cocción por un pasapurés, viértalo sobre las rodajas de pechuga y sírvalas con patatas o al gusto.

Tiempo de realización: 45 minutos   Calorías por ración: 545

Pechugas de pollo rellenas

Ingredientes para 4 personas:
2 pechugas de pollo enteras
200 g de espinacas congeladas
1 huevo
1 cucharadita de orégano molido
2 cucharadas de queso rallado
4 cucharadas de aceite
1 copa de vino oloroso
50 g de pasas de corinto, puestas en remojo
1 taza de caldo de pollo o agua
Sal y pimienta

Corte las pechugas por la mitad en 2 trozos cada una. Quíteles la piel y los huesos y ábralas formando 4 filetes bien extendidos y planos. Sazónelos con sal y pimienta.

A continuación, cocine las espinacas durante 5 minutos en agua hirviendo con sal. Escúrralas bien y píquelas. Bata el huevo y agréguele las espinacas picadas, el orégano y el queso rallado. Sazone todo con sal y pimienta y mezcle bien.

Seguidamente, reparta el preparado anterior sobre las pechugas, envuélvalas sobre sí mismas formando rollitos y átelos con cuerda de cocina para que no se salga el relleno y no pierdan la forma.

Por último, caliente el aceite en una cacerola y fría los rollitos de pollo hasta que estén dorados. Rocíelos con el vino, incorpore las pasas escurridas y el caldo, tape la cacerola y cocine los rollitos durante 20 minutos. Sírvalos cortados en lonchas gruesas, rociados con su salsa y acompañados con verduras cocidas al gusto.

Tiempo de realización: 45 minutos   Calorías por ración: 463

Picantones con naranja

Ingredientes para 4 personas:
2 pollitos picantones (pollitos pequeños) o 4 si fueran muy pequeños
1 o 2 naranjas
100 ml de aceite
50 g de mantequilla
150 g de higaditos de pollo
1 copa de Oporto
1 cucharada de harina
250 ml de caldo de pollo o agua
Sal y pimienta

Pele las naranjas, reservando las cáscaras, córtelas por la mitad e introduzca cada mitad en un pollito. Átelos, sazónelos con sal y pimienta y dórelos en una cacerola con el aceite caliente.

Mientras tanto, derrita la mitad de la mantequilla en una sartén y saltee los higaditos. Añádales el Oporto y cocínelos durante 3 o 4 minutos. Retírelos del fuego y resérvelos.

A continuación, derrita la mantequilla restante en la sartén, sofría muy ligeramente la harina y agregue el caldo poco a poco, sin dejar de revolver. Cocine durante unos minutos hasta que la salsa tenga algo de consistencia.

Seguidamente, corte unas tiritas de cáscara de naranja, sólo de la parte amarilla, e incorpórelas a la salsa junto con los higaditos con Oporto. Mezcle todo bien y vierta la salsa sobre los picantones.

Por último, tape la cacerola y cocine todo junto durante 20 minutos o hasta que los picantones estén tiernos. Sírvalos con su propia salsa y decorados con naranja.

Tiempo de realización: 45 minutos   Calorías por ración: 850

Pollitos primavera

Ingredientes para 4 personas:
2 pollos picantones (pollos pequeños) o 4 si son muy pequeños
100 ml de aceite
1 cebolla grande, picada
2 dientes de ajo picados
2 copas de vino blanco, seco
1 hoja de laurel
100 ml de caldo de pollo o agua
150 g de tirabeques (guisantes, arvejas con vaina)
100 g de zanahorias baby
Sal y pimienta

Lave muy bien los pollitos, por dentro y por fuera, y séquelos con papel absorbente de cocina.

A continuación, caliente el aceite en una cacerola al fuego y dore los pollitos, previamente sazonados con sal y pimienta. Una vez bien dorados, agregue la cebolla y los ajos y rehogue todo junto hasta que la cebolla comience a dorarse.

Seguidamente, rocíe los pollitos con el vino, agregue el laurel y el caldo y cocine todo junto durante 10 minutos.

Por último, incorpore a la cacerola los tirabeques y las zanahorias, tape la cacerola y cocine a fuego lento durante 20 minutos. Sirva los pollitos con las verduras y la salsa por encima.

NOTA: Cuando vaya a cocinar los pollitos, conviene que les ate las patas para que una vez finalizada la cocción, continúen guardando su forma original.

Tiempo de realización: 45 minutos	Calorías por ración: 825

Pollo a la marengo

Ingredientes para 6 personas:

✓ 1 pollo cortado en trozos
✓ 2 dientes de ajo picados
✓ 1 cebolla mediana, picada
✓ 1 manojito de hierbas aromáticas
✓ 1 taza de vino
✓ 2 tazas de caldo
✓ 2 cucharadas de pasta de tomate
✓ 100 g de mantequilla
✓ 500 g de cebollitas francesas
✓ 1 lata pequeña de guisantes
  (arvejas, chícharos)
✓ 1 lata pequeña de champiñones
  (hongos, setas)
✓ Aceite para freír
✓ Harina para enharinar
✓ Huevos duros en rodajas
✓ Sal y pimienta

1

2

Sazone los trozos de pollo con sal y pimienta. Póngalos en un recipiente, agregue los ajos (1) y mezcle todo para que tomen el sabor.

A continuación, enharine los trozos de pollo y fríalos en aceite caliente. Páselos a una cacerola, añádales la cebolla, el manojito de hierbas y el vino. Tape la cacerola y cocine 5 minutos. Incorpore el caldo y la pasta de tomate. Sazone con sal y pimienta al gusto, tape la cacerola de nuevo (2) y cocine durante 25 minutos más.

3

Caliente la mantequilla en una sartén y fría las cebollitas (3). Agregue los guisantes y los champiñones y cocine todo junto durante unos minutos.

Por último, coloque el pollo en una fuente y sírvalo con las verduras, las rodajas de huevo y triángulos de pan frito si lo desea.

Tiempo de realización: 45 minutos	Calorías por ración: 630

Pollo adobado

Ingredientes para 4 personas:
1 pollo mediano, cortado en trozos
4 dientes de ajo
1 copita de vinagre
1 copita de vino blanco, seco
2 hojas de laurel cortadas en trocitos
6 cucharadas de aceite
1 cebolla grande, picada
Sal

Lave los trozos de pollo, séquelos bien y colóquelos en un recipiente de vidrio.

A continuación, triture en un mortero los ajos con un poco de sal hasta obtener una pasta. Añádales el vinagre, el vino y el laurel. Mezcle todo bien e impregne los trozos de pollo con este adobo. Déjelo reposar en el frigorífico durante 2 horas.

Seguidamente, escurra bien los trozos de pollo y resérvelos. Guarde aparte el adobo.

Por último, caliente el aceite en una sartén grande y fría el pollo a fuego lento durante 20 o 25 minutos hasta que esté bien dorado. Incorpore la cebolla y el adobo reservado y continúe la cocción hasta que el pollo esté tierno.

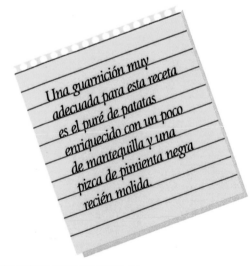

Una guarnición muy adecuada para esta receta es el puré de patatas enriquecido con un poco de mantequilla y una pizca de pimienta negra recién molida.

Tiempo de realización: 40 minutos   Calorías por ración: 702

Pollo al ajillo

Ingredientes para 4 personas:

1 pollo cortado en trozos
2 cucharadas de perejil picado
6 dientes de ajo
Aceite para freír
1 hoja de laurel
1 vaso de vino blanco
500 g de patatas (papas) cortadas en lonchas finas
1 guindilla (ají picante)
1 cucharadita de azafrán en polvo (color, achiote)
4 cucharadas de vinagre
Una pizca de azúcar
Sal y pimienta

Ponga el pollo en una fuente. Espolvoréelo con una cucharada de perejil y dos ajos picados, sazónelo con sal y pimienta al gusto, revuélvalo bien y déjelo macerar durante 2 horas.

A continuación, caliente aceite en una sartén al fuego y fría los trozos de pollo. Páselos a una cazuela, añada el laurel y el vino y cocine todo a fuego lento, hasta que el vino se consuma.

Mientras tanto, fría las patatas en la sartén con el aceite del pollo. Sazónelas y páselas a la cazuela. Espolvoree todo con el perejil restante.

Por último, caliente 8 cucharadas de aceite y dore los ajos restantes cortados en láminas y la guindilla. Agrégueles el azafrán, el vinagre y el azúcar, cocine todo junto unos minutos, viértalo sobre el pollo y continúe la cocción hasta que su carne esté bien tierna.

Pollo con ciruelas pasas

Ingredientes para 4 personas:

1 pollo grande cortado en trozos
3 cucharadas de aceite
2 cucharadas de mantequilla
2 cucharadas de cebolla rallada
2 dientes de ajo picados
4 cucharadas de puré de tomate
1/2 taza de agua
1 taza de caldo
250 g de ciruelas pasas sin hueso
1 taza de vino tinto
Sal y pimienta

Caliente el aceite y la mantequilla en una cazuela al fuego. Agregue la cebolla y rehóguela durante unos minutos hasta que esté ligeramente dorada. Añada los ajos y el puré de tomate, revuelva bien, sazone con sal y pimienta e incorpore el agua.

A continuación, ponga el pollo en la cazuela. Rocíelo con el caldo y cocine todo durante 30 minutos.

Mientras tanto, mezcle las ciruelas y el vino en una batidora hasta obtener un puré homogéneo.

Seguidamente, retire el pollo de la cazuela, cuele la salsa y mézclela con el puré de ciruelas.

Por último, vierta la salsa en la cazuela, incorpore de nuevo el pollo y cocine todo junto durante unos minutos hasta que esté bien caliente. Sírvalo acompañado con arroz blanco.

Tiempo de realización: 45 minutos   Calorías por ración: 984

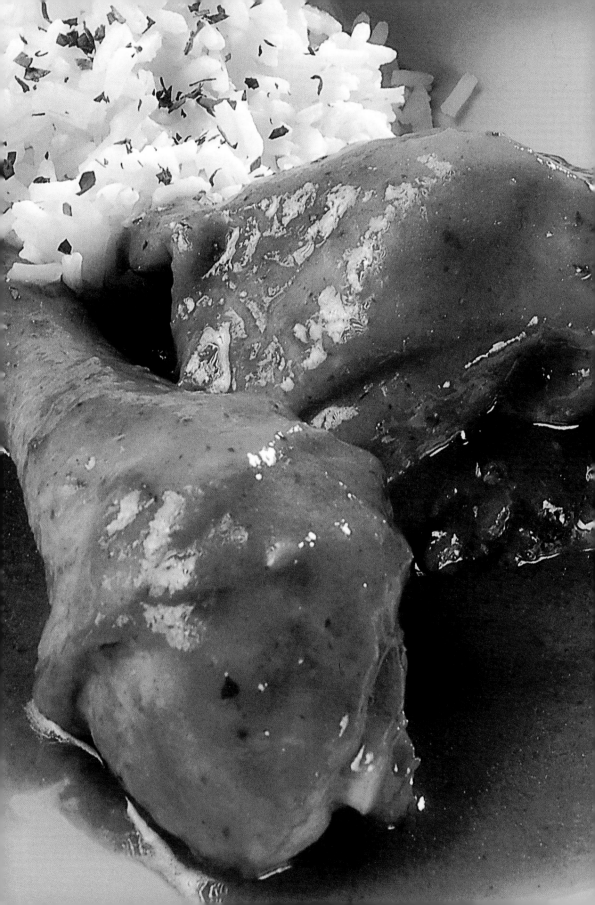

Pollo frito

Ingredientes para 4 personas:

1 pollo cortado en trozos
El zumo (jugo) de 2 limones
Harina para enharinar
2 cucharadas de mostaza
2 cucharadas de mantequilla
1 taza de pan rallado
2 cucharadas de perejil
3 huevos batidos
Aceite para freír
Sal y pimienta

Sazone el pollo con sal y pimienta y rocíelo con jugo de limón. Rebócelo en harina y déjelo reposar unos minutos.

A continuación, embadurne los trozos de pollo con la mostaza y la mantequilla mezcladas.

Seguidamente, rebócelos primero en los huevos y después en el pan rallado mezclado con el perejil, sal y pimienta. Fríalo en abundante aceite caliente y sírvalo con patatas fritas y ensalada al gusto.

Para que este plato aporte menos calorías, es conveniente escurrir bien los trozos de pollo después de fritos, colocándolos sobre papel absorbente de cocina.

Tiempo de realización: 30 minutos   Calorías por ración: 771

Solomillos al queso

Ingredientes para 4 personas:

4 filetes de solomillo (lomito, solomo) de vaca (res) gruesos
1 cucharada de aceite
2 cucharadas de vino blanco, seco
50 g de queso de Cabrales o cualquier otro queso azul
100 ml de nata (crema de leche) líquida
Sal y pimienta

Caliente el aceite en una sartén al fuego y dore la carne por ambos lados (el tiempo dependerá del punto en que le guste la carne). Retírela, sazónela con sal y pimienta y resérvela en un plato al calor.

A continuación, incorpore el vino a la sartén, revuélvalo con el jugo que haya soltado la carne e incorpore el queso desmenuzado y la nata. Remueva todo con una cuchara de madera hasta obtener una salsa suave y homogénea.

Por último, vierta la salsa sobre la carne y sírvala inmediatamente con guarnición al gusto.

Para que la carne llegue caliente a la mesa, conviene calentar de antemano los platos que vaya a utilizar.

Tiempo de realización: 10 minutos   Calorías por ración: 457

220

Solomillos con manzana

Ingredientes para 4 personas:
2 solomillos (lomito, solomo) de cerdo (cochino,
chancho) cortados en medallones gruesos
1 cucharada de aceite
2 manzanas peladas, sin corazón y cortadas en gajos finos
1 cucharada de azúcar
1/2 copa de vino oloroso
Unas gotas de vinagre
1 cucharadita de cebollino (chives) picado
Sal y pimienta

Caliente el aceite en una sartén y dore los medallones por todos los lados, a fuego medio, para que se hagan por dentro. Retírelos de la sartén, sazonelos con sal y pimienta y resérvelos al calor.

A continuación, ponga los gajos de manzana en una sartén antiadherente al fuego, espolvoréelos con el azúcar y dórelos por ambos lados.

Mientras tanto, vierta el vino y el vinagre en la sartén donde frió la carne y cocínelos unos minutos, sin dejar de revolver.

Por último, sirva la carne con las manzanas, rociándola con la salsa de vino y espolvoreada con el cebollino picado.

Caliente los platos o la fuente donde va a servir la carne para que ésta no se enfríe.

Tiempo de realización: 15 minutos   Calorías por ración: 529

Solomillos de cerdo

Ingredientes para 4 personas:

2 solomillos (lomito, solomito) de cerdo (cochino, chancho)
2 cucharadas de harina
4 cucharadas de aceite
3 chalotas picadas
1 copa de vino de Oporto
1 hoja de laurel
1 ramita de tomillo
Sal y pimienta

Lave los solomillos, séquelos con papel absorbente y córtelos en rodajas gruesas. Sazónelos con sal y pimienta y enharínelos muy ligeramente.

A continuación, caliente el aceite en una cacerola o sartén grande y fría los solomillos por ambos lados.

Seguidamente, agregue las chalotas y rehóguelas junto con la carne hasta que estén transparentes. Rocíe con el vino, agregue el laurel y el tomillo desmenuzados y cocine todo junto con la cacerola tapada, durante 2 o 3 minutos.

Por último, retire la carne de la cacerola, resérvela al calor y pase la salsa por un chino. Sirva la carne con la salsa por encima y acompañada con verduras al vapor.

Puede sustituir las chalotas por cebollitas francesas y el Oporto por Jerez oloroso semiseco.

Solomillos de cerdo con aceitunas

Ingredientes para 4 personas:
- ✓ 2 solomillos de cerdo (cochino, chancho)
- ✓ 5 cucharadas de aceite
- ✓ 1 cebolla picada
- ✓ 1 diente de ajo picado
- ✓ 2 chalotas picadas
- ✓ 250 g de tomate (jitomate) triturado
- ✓ 1 pizca de orégano
- ✓ 150 g de aceitunas (olivas) verdes, deshuesadas
- ✓ Sal y pimienta

1

Corte los solomillos en medallones de unos 3 cm de grosor **(1)**. Caliente el aceite en una sartén al fuego y dore los medallones por ambos lados. Retírelos y resérvelos.

A continuación, vierta en el mismo aceite la cebolla, el ajo y las chalotas y rehóguelos unos minutos **(2)**. Agregue el tomate y cocine todo durante 15 o 20 minutos.

2

Seguidamente vierta el tomate en una cazuela refractaria, sazónelo con sal y pimienta, incorpore los medallones, el orégano y las aceitunas **(3)** y cocine todo junto durante 10 minutos más. Sírvalo con patatas fritas o al gusto.

3

Tiempo de realización: 30 minutos   Calorías por ración: 486

Tartaleta de primavera

Ingredientes para 4 personas:
250 g de pasta de hojaldre congelada
5 cucharadas de aceite
1 pechuga de pollo cortada en dados pequeños
1 cebolla grande, picada
1 calabacín (calabacita, chauchita, zucchini) cortado en dados
1/2 berenjena cortada en dados
1/2 pimiento (pimentón) rojo, troceado
1/2 pimiento (pimentón) verde, troceado
500 g de tomates (jitomates) pelados y picados
1 huevo batido
1 cucharadita de orégano en polvo
Sal

Deje el hojaldre fuera del congelador a temperatura ambiente para que se descongele.

Mientras tanto, caliente el aceite en una sartén grande, sazone la pechuga de pollo y fríala hasta que esté bien dorada. Retírela y resérvela.

A continuación, en el mismo aceite, rehogue la cebolla hasta que esté transparente. Incorpórele las verduras restantes, sazónelas y cocine todo a fuego lento durante 30 minutos, removiéndolo de vez en cuando.

Mientras se cocinan las verduras, enharine una mesa y extienda la pasta de hojaldre con un rodillo, dejándola más bien fina. Engrase un molde de tarta y fórrelo con el hojaldre, haciendo algún adorno en los bordes. Pinche el fondo y los lados con un tenedor, coloque algún peso en el fondo y pincele los bordes con el huevo batido. Introduzca la tartaleta en el horno, precalentado a 180º C (350º F), durante 30 minutos.

Seguidamente, incorpore la pechuga frita a las verduras y rehogue todo junto durante unos minutos.

Por último, retire la tartaleta del horno, rellénela con las verduras con pollo preparadas, espolvoréela con el orégano y sírvala.

Tiempo de realización: 50 minutos   Calorías por ración: 494

Arroz a la zarina

Ingredientes para 4 personas:
150 g de arroz de grano redondo
2 tazas de leche
150 g de azúcar glass (glacé, impalpable)
2 melocotones (duraznos) o 4 mitades si son en almíbar
3 hojas de gelatina sin sabor
2 tazas de crema inglesa
100 g de nata (crema de leche) batida con azúcar
1 clara de huevo

Cocine el arroz en una cazuela con la leche, durante 10 minutos. Añada el azúcar, revuelva todo y cocínelo a fuego muy lento hasta que el arroz haya absorbido toda la leche. Retírelo del fuego y resérvelo.

Mientras tanto, pique los melocotones en trocitos pequeños y disuelva la gelatina en un poquito de agua. Bata la clara de huevo a punto de nieve y mézclela cuidadosamente, con movimientos envolventes, con la nata montada.

A continuación, agregue al arroz los melocotones, la gelatina disuelta y la crema inglesa. Mezcle bien, incorpore la nata con la clara y reparta la preparación en 4 moldes individuales. Déjelos enfriar completamente para que estén bien cuajados.

Por último, desmolde el arroz sobre una fuente de servir, decórelo si lo desea con unos gajos de melocotón o al gusto y sírvalo.

Puede sustituir los melocotones por cerezas o guindas en almíbar.

Tiempo de realización: 30 minutos   Calorías por ración: 676

Barquillas de frutos rojos

Ingredientes para 4 personas:
4 tulipas de barquillo (las venden hechas)
350 g de frutos rojos congelados o frescos
2 yogures naturales
3 cucharadas de Pedro Ximénez (vino dulce)

Prepare las frutas dejándolas descongelar o lavándolas y secándolas si son frescas.

A continuación, ponga la tercera parte de las frutas en una batidora y bátalas hasta obtener un puré homogéneo. Cuélelo y recoja el puré en un cuenco. Incorpórele los yogures y mezcle bien. Si lo desea puede agregar azúcar al gusto.

Seguidamente, rocíe las frutas restantes con el vino y déjelas unos minutos en maceración.

Por último, reparta las frutas en las tulipas, ponga la crema de yogur en un lado y decórelas al gusto.

Puede acompañar este postre con natillas o con unas bolas de helado.

Tiempo de realización: 10 minutos   Calorías por ración: 148

Bavaroise de coco

Ingredientes para 4 personas:

3 yemas de huevo
6 cucharadas de azúcar
1/2 cucharadita de maicena (fécula de maíz)
500 ml de leche
2 cucharadas de ron
60 g de coco rallado
150 g de nata montada (crema de leche batida)
1 1/2 sobres de gelatina disuelta en 1/2 taza de agua
Frutas al gusto

Bata las yemas junto con el azúcar, la maicena y la leche. Vierta la mezcla en una cacerola y cocine a fuego lento, al baño María, sin dejar de revolver para que no hierva, hasta que el preparado espese y tenga la consistencia de una crema.

A continuación, retírelo del fuego, agregue el ron y el coco rallado, mezcle bien y deje enfriar.

Seguidamente, incorpore la nata y la gelatina disuelta en el agua, bata todo bien y viértalo en un molde. Introduzca éste en el frigorífico durante 3 o 4 horas para que quede bien cuajado.

Por último, desmolde la bavaroise sobre una fuente de servir, decore con frutas o al gusto y sirva.

Si tiene tiempo, recuerde que es preferible preparar los platos con gelatina el día anterior a su consumición.

Tiempo de realización: 20 minutos   Calorías por ración: 533

Brevas con crema de café

Ingredientes para 4 personas:
500 g de brevas o higos maduros, pelados
500 ml de vino tinto
150 g de azúcar
2 palitos (rajitas) de canela
2 cucharadas de café soluble
1 cucharada de agua templada
500 ml de nata (crema de leche) líquida
100 g de azúcar glass (glasé, impalpable)

Ponga el vino en una cacerola al fuego, junto con el azúcar y la canela. Cuando el azúcar se haya disuelto y el vino comience a hervir, incorpore las brevas y cocínelas durante 10 minutos. Retire la cacerola del fuego y deje enfriar las brevas en el vino.

Mientras tanto, disuelva el café en el agua. Bata la nata junto con el azúcar glass con unas varillas manuales o eléctricas, hasta que esté bien montada y añádale el café disuelto, sin dejar de batir hasta que quede homogénea.

Por último, trocee las brevas y repártalas en 4 copas. Vierta sobre ellas la nata con café y resérvelas en el frigorífico hasta el momento de servir.

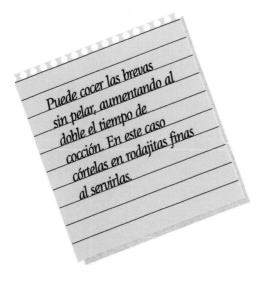

Puede cocer las brevas sin pelar, aumentando al doble el tiempo de cocción. En este caso córtelas en rodajitas finas al servirlas.

Tiempo de realización: 15 minutos   Calorías por ración: 701

Cesta de sandía

Ingredientes para 6 personas:

1 sandía no muy grande
2 melocotones (duraznos)
2 plátanos (bananos, cambures)
2 kiwis
200 g de uvas negras o rojas
50 g de azúcar
El zumo (jugo) de 1 naranja
El zumo (jugo) de 1 limón
2 o 3 copas de cava (champagne)

Corte la sandía dándole forma de cesta, con o sin asa. Extraiga la pulpa con una cuchara normal o con una en forma de bola, quite las semillas y vierta la pulpa en una ensaladera grande.

A continuación, pele y trocee todas las frutas excepto las uvas. Quite las pepitas de estas últimas y vierta todas en la ensaladera.

Seguidamente, disuelva el azúcar en 3 cucharadas de agua y haga un almíbar en un cacito al fuego. Viértalo sobre las frutas, rocíelas con los zumos de naranja y de limón, agregue el cava y mezcle todo bien. Déjelas macerar durante 1 hora o hasta el momento de servir.

Por último, llene la cáscara de sandía con la ensalada de frutas preparada y sírvala.

Puede aromatizar las frutas con ron u otro licor al gusto.

Tiempo de realización: 20 minutos   Calorías por ración: 152

Copa helada

Ingredientes para 4 personas:
500 ml de leche
4 yemas
100 g de azúcar
50 g de pasas sultanas
125 ml de vino de Málaga

Para la terminación:
100 ml de vino de Málaga
1/2 cucharadita de maicena (fécula de maíz)

Vierta le leche en una cacerola al fuego y lleve a ebullición. Ponga en un cuenco las yemas y el azúcar, trabaje con una batidora, hasta obtener una mezcla homogénea y agréguele la leche hirviendo, poco a poco, removiendo continuamente con una cuchara.

Vierta la mezcla en un cazo, póngalo al baño María y cocine la crema, a fuego lento, sin que llegue a hervir, hasta que comience a espesarse y forme un velo en la cuchara. Retire el cazo del fuego, vierta la crema en un cuenco, pasándola a través de un colador, y déjela enfriar completamente, removiéndola con frecuencia.

Mientras tanto, ponga en remojo las pasas en un cuenco con el vino. Vierta la mezcla fría en la heladora y programe según el tiempo indicado en las instrucciones. Unos segundos antes de finalizar su elaboración, incorpore las pasas con el vino de la maceración.

Prepare la terminación: vierta en un cazo el vino de Málaga y agregue la maicena previamente diluida en 1 cucharada de agua. Ponga el cazo al fuego, lleve a ebullición, y cocine hasta que la salsa adquiera una consistencia espesa y transparente.

Por último, distribuya el helado en copas individuales, vierta por encima la salsa al vino de Málaga y sírvalo, si lo desea, con barquillos.

Tiempo de realización: 30 minutos   Calorías por ración: 292

Corona de nieve

Ingredientes para 4 personas:
250 g de coco rallado
500 ml de leche
150 g de azúcar
30 g de gelatina en polvo, sin sabor
1 copita de anís
Frutas rojas para la decoración
3 cucharadas de coco rallado, tostado

Para la salsa:
150 g de mermelada de frambuesa
El zumo (jugo) de 1 limón
2 cucharadas de agua

Ponga el coco en un cuenco, cúbralo con agua y déjelo en remojo durante 30 minutos.

A continuación, caliente la leche con el azúcar. Escurra el coco, viértalo en la leche y cocínelo, sin dejar de remover, durante 5 minutos. Disuelva la gelatina en un poquito de leche e incorpórela al coco cocinado junto con el anís, mezclando todo bien.

Seguidamente, humedezca un molde de corona con agua fría y vierta en él el preparado anterior. Introdúzcalo en el frigorífico y déjelo cuajar.

Por último, vierta en la batidora la mermelada, el zumo de limón y el agua y bata todo hasta obtener una crema. Desmolde la corona y vierta en el centro la salsa preparada. Decórela con frutas rojas (frambuesas, moras, grosellas, etc.) y rodéela con el coco tostado.

Para tostar el coco, hágalo al horno o en una sartén a fuego lento, removiéndolo constantemente.

Tiempo de realización: 15 minutos   Calorías por ración: 655

Crema catalana

Ingredientes para 4 personas:
750 ml de leche
La cáscara de 1/2 limón
6 huevos
300 g de azúcar
2 cucharadas de maicena (fécula de maíz)

Vierta la leche en un cazo grande. Lave la cáscara de limón, viértala en el cazo y ponga éste al fuego.

Mientras tanto, bata los huevos en un recipiente junto con 250 g de azúcar. Cuando la mezcla esté espumosa, añada la maicena, previamente disuelta en un poco de agua fría, y continúe batiendo hasta obtener una mezcla homogénea y sin ningún grumo.

Cuando la leche comience a hervir, incorpore el batido de huevos, poco a poco, revolviendo constantemente con un batidor para que la mezcla no se pegue al fondo del recipiente, y cocine durante unos 3 o 4 minutos hasta que espese, pero cuidando que no hierva, pues las yemas se cuajarían.

Cuando la crema esté en su punto, viértala en cazuelitas individuales de barro o en una fuente honda.

Déjela enfriar, espolvoréela con el azúcar restante y tueste la superficie con una plancha caliente hasta que esté caramelizada.

No se precipite y deje la plancha al fuego bastante tiempo para que esté bien caliente, pues de ello dependerá que el caramelo salga mejor.

Tiempo de realización: 20 minutos   Calorías por ración: 525

Frituras de plátano

Ingredientes para 6 personas:
- ✓ 4 plátanos (bananos, cambures)
- ✓ 5 cucharadas de harina
- ✓ 2 cucharadas de maicena (fécula de maíz)
- ✓ 1 taza de azúcar
- ✓ 1/2 taza de leche
- ✓ 1 huevo batido
- ✓ El zumo (jugo) de 1 limón
- ✓ Aceite para freír
- ✓ Azúcar glass (glacé, impalpable), para la decoración

1

Caliente agua en una cazuela al fuego, cuando comience la ebullición, incorpore los plátanos previamente pelados y deje que den un hervor. Escúrralos y séquelos. Póngalos en un recipiente y tritúrelos hasta convertirlos en puré. Agregue la harina y la maicena y revuelva todo bien.

2

A continuación, incorpore el azúcar y la leche **(1)**, poco a poco, revolviendo hasta que la mezcla quede homogénea.

Seguidamente, añada el huevo batido **(2)** y el zumo de limón y mezcle.

Por último, caliente abundante aceite en una sartén al fuego y fría la masa, a cucharadas **(3)**. Deje escurrir sobre servilletas de papel para eliminar el exceso de aceite, espolvoréelas con azúcar glass y sirva.

3

Tiempo de realización: 20 minutos	Calorías por ración: 208

Frutas con chocolate

Ingredientes para 4 personas:
500 ml de chocolate hecho a la taza
1 plátano (banano, cambur)
250 g de fresones (frutillas)
2 peras
El zumo (jugo) de 1/2 limón
1 mango
1 kiwi

Pele el plátano, quítele las hebras y trocéelo. Quite las hojitas verdes a los fresones, lávelos y trocéelos si son grandes. Pele las peras, retire el corazón y semillas, trocéelas y rocíelas con el zumo de limón para que no se ennegrezcan. Pele el mango y el kiwi y trocéelos.

A continuación, vierta el chocolate caliente en un cuenco grande y póngalo en el centro de la mesa.

Seguidamente, ponga las frutas en una fuente o repártalas en los platos.

Por último, cada comensal pinchará las frutas con una brocheta o pincho de fondue y las mojará en el chocolate.

Si lo desea, puede colocar el cuenco con el chocolate sobre un infiernillo con una pequeña llama para que no se enfríe.

Tiempo de realización: 15 minutos   Calorías por ración: 518

Frutas en papillote

Ingredientes para 4 personas:

2 peras grandes
2 kiwis grandes
50 g de frambuesas (frutillas)
2 cucharadas de margarina vegetal
3 cucharadas de miel
1/2 copa de ron

Pele las peras, córtelas por la mitad en sentido longitudinal, deseche el corazón y las semillas y córtelas en gajos.

A continuación, pele los kiwis y córtelos en rodajitas. Lave las frambuesas bajo el chorro del agua fría y déjelas escurrir.

Seguidamente, corte 4 trozos grandes de papel de aluminio y colóquelos sobre una superficie plana. Engráselos con la margarina con ayuda de un pincel o con los dedos.

Por último, coloque 1/2 pera en cada trozo de papel. Coloque entre cada gajo una rodajita de kiwi y reparta las frambuesas. Mezcle la miel con el ron, repártalo sobre las frutas, cierre los paquetes y cocínelos en el horno, precalentado a 205° C (400° F), durante 15 minutos.

Tiempo de realización: 15 minutos   Calorías por ración: 176

Kiwis y plátanos al limón

Ingredientes para 4 personas:
3 kiwis grandes y maduros
2 plátanos (bananos, cambures) grandes y maduros
3/4 de lata de leche Ideal (concentrada)
El zumo (jugo) de 1 limón
La cáscara rallada de 1 limón
3 cucharadas de azúcar
4 cucharaditas de pistachos o avellanas, picados

Pele los kiwis y los plátanos y corte ambos en rodajitas finas. Colóquelos en dos platos o cuencos, por separado, tápelos con hoja plástica transparente y resérvelos en el frigorífico.

A continuación, vierta en la batidora la leche junto con el zumo y la ralladura de limón. Agregue el azúcar y bata todo hasta que tome consistencia. Viértala en un cuenco y resérvela en el frigorífico.

Cuando vaya a servir el postre, coloque los kiwis y los plátanos en los platos, alternándolos formando una corona. Reparta la crema de limón en el centro de cada plato y espolvoréelos con los pistachos picados.

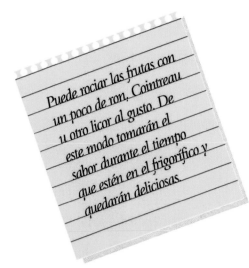

Puede rociar las frutas con un poco de ron, Cointreau u otro licor al gusto. De este modo tomarán el sabor durante el tiempo que estén en el frigorífico y quedarán deliciosas.

Tiempo de realización: 10 minutos   Calorías por ración: 281

Leche frita

Ingredientes para 6 personas:
10 cucharadas de azúcar
12 cucharadas de harina
500 ml de leche
1 cucharadita de mantequilla
2 huevos
Aceite abundante para freír
2 cucharadas de canela en polvo

Vierta en una sartén grande 7 cucharadas de azúcar y 10 de harina, mezcle bien y agregue la leche, poco a poco, revolviendo constantemente. Ponga la sartén al fuego, añada la mantequilla y cocine, sin dejar de revolver, hasta que espese y se forme una masa consistente.

A continuación, moje una fuente y, sin secarla, vuelque en ella la masa preparada. Déjela enfriar completamente.

Seguidamente, bata los huevos en un plato y, en otro, ponga la harina restante. Corte la masa fría en trocitos, páselos por la harina, después por el huevo batido y a continuación, fríalos en abundante aceite caliente, hasta que estén dorados.

Por último, coloque la leche frita en una bandeja, espolvoréela con el azúcar restante mezclada con la canela y sirva.

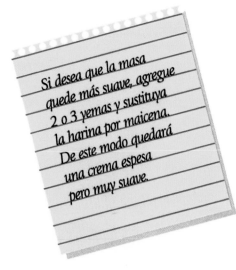

Si desea que la masa quede más suave, agregue 2 o 3 yemas y sustituya la harina por maicena. De este modo quedará una crema espesa pero muy suave.

Tiempo de realización: 30 minutos   Calorías por ración: 294

Mango a la plancha con sopa de sandía

Ingredientes para 4 personas:

1 mango grande, maduro
2 cucharadas de azúcar
400 g de pulpa de sandía, sin pepitas
2 cucharadas de miel
1 cucharada de mantequilla
4 cucharadas de nata montada (crema de leche batida)
Nueces picadas
1 cucharadita de cominos (opcional)

Pele el mango, córtelo en tiras y colóquelas en un plato. Espolvoréelas con el azúcar y reserve.

A continuación, vierta la pulpa de sandía en la batidora, añádale la miel y bata hasta obtener un puré homogéneo. Rectifique el punto de dulce y resérvela.

Seguidamente, caliente una plancha, agréguele la mantequilla y ase el mango manteniéndolo unos 2 minutos por cada lado.

Por último, reparta la sopa de sandía en el fondo de 4 platos soperos. Ponga el mango sobre ella. Agregue 1 cucharada de nata a cada plato y espolvoréela con los cominos. Decore con las nueces y sirva.

Puede acompañarlo con helado de vainilla o chocolate en lugar de nata montada.

Tiempo de realización: 15 minutos   Calorías por ración: 179

Melón relleno de frutas

Ingredientes para 6 personas:
- ✓ 1 melón de 1 1/2 kg aproximadamente
- ✓ 1 papaya pequeña
- ✓ 1 plátano (banano, cambur)
- ✓ 1 mango mediano
- ✓ 250 g de uvas desgranadas
- ✓ 1 naranja
- ✓ 1 taza de agua
- ✓ 400 g de azúcar
- ✓ 1 copa de ron u otro licor

1

Corte el melón por la mitad y retire las pepitas con una cuchara.

A continuación, abra la papaya, extraiga las semillas y corte la pulpa con una cucharilla para que tenga forma de bolita. Pele el plátano y córtelo en rodajas. Pele el mango y parta en trozos la pulpa. Lave las uvas. Extraiga la pulpa del melón, también con una cucharilla para formar las bolitas (**1**). Pele la naranja y sepárela en gajos.

2

Seguidamente, ponga el agua y el azúcar en una cazuela y cocine todo hasta formar un almíbar. Incorpore todas las frutas (**2**), apague el fuego y déjelas en maceración durante 2 horas.

Por último, vierta todo en una fuente, añada la copa de licor (**3**) y déjelo macerar 15 minutos más. Viértalo en la cáscara vacía del melón o sírvalo en la misma fuente.

3

Tiempo de realización: 30 minutos   Calorías por ración: 381

Milhojas de plátano y frambuesas

Ingredientes para 4 personas:
3 hojas de pasta brik
2 cucharadas de mantequilla ablandada
150 g de frambuesas (frutillas)
2 plátanos (bananos, cambures)
350 g de nata montada (crema de leche batida) con azúcar
1 cucharada de azúcar glass (glasé, impalpable)
Caramelo líquido

Corte 4 discos de pasta de cada hoja de brik, ayudándose con un plato pequeño. Úntelas con una capita de mantequilla y colóquelas en una plancha caliente al fuego. Cuando estén doraditas por un lado, déles la vuelta y dórelas por el otro. Retírelas de la plancha y déjelas enfriar sobre un mármol o superficie fresca.

A continuación, lave las frambuesas y escúrralas bien. Pele los plátanos, quíteles las hebras de alrededor y córtelos en rodajas finas.

Seguidamente, ponga la nata en una manga pastelera con boquilla rizada y monte los milhojas intercalando entre los discos de pasta, la nata, los plátanos y las frambuesas.

Por último, espolvoree la superficie con el azúcar glass y sirva en platos decorados con caramelo líquido.

Puede preparar discos o cuadrados de pasta brik, al horno o a la plancha, y una vez fríos, guardarlos en cajas o fiambreras herméticas para utilizarlos cuando los necesite.

Tiempo de realización: 15 minutos   Calorías por ración: 465

Mousse de melocotón

Ingredientes para 4 personas:

1 lata de 500 g de melocotones (duraznos) en almíbar
250 ml de leche Ideal (concentrada)
La cáscara rallada de 1/2 limón
1 taza de nata montada (crema de leche batida)
1 cucharada de avellanas o pistachos picados
4 guindas en almíbar o barquillos

Vierta en el vaso de la batidora los melocotones troceados, reservando un par de trozos para la decoración. Añada la mitad del almíbar de la lata, la leche y la ralladura de limón y bata hasta conseguir un puré suave y homogéneo. Si no queda muy fino, páselo por un pasapurés o chino.

A continuación, reparta la crema preparada en 4 copas. Filetee los melocotones reservados y colóquelos sobre la mousse.

Seguidamente, vierta la nata en una manga pastelera con boquilla y cubra la mousse.

Por último, espolvoreee la superficie con las avellanas y decore con los barquillos o las guindas.

Si desea utilizar melocotones frescos, pélelos, quíteles el hueso y cuézalos en un almíbar clarito hasta que estén tiernos, procediendo a continuación como se indica en la receta.

Tiempo de realización: 10 minutos   Calorías por ración: 338

Naranjas merengadas

Ingredientes para 4 personas:

4 naranjas grandes
1/2 copa de Cointreau
2 tarrinas de natillas o 1 taza de crema pastelera hecha en casa
3 claras de huevo
4 cucharadas de azúcar glass (glasé, impalpable)
2 cucharadas de almendras fileteadas

Corte las naranjas por la mitad y extraiga la pulpa con una cuchara o un cuchillo, teniendo mucho cuidado de no romper las cáscaras.

A continuación, trocee la pulpa y viértala en un cuenco. Rocíela con el Cointreau, revuélvala bien y déjela reposar unos minutos. Incorpore las natillas o la crema pastelera y mezcle todo bien.

Seguidamente, llene las cáscaras de naranja con el preparado anterior y colóquelas en una fuente refractaria.

Por último, bata las claras de huevo con 3 cucharadas de azúcar, hasta obtener un merengue fuerte. Cubra con él las naranjas, espolvoree por la superficie el azúcar restante, reparta las almendras por encima e introdúzcalas en el horno con el gratinador encendido durante unos minutos, hasta que se doren.

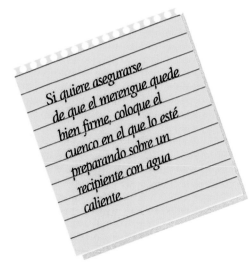

Si quiere asegurarse de que el merengue quede bien firme, coloque el cuenco en el que lo esté preparando sobre un recipiente con agua caliente.

Tiempo de realización: 20 minutos   Calorías por ración: 350

Peras rellenas de fresón

Ingredientes para 4 personas:
12 mitades de peras en almíbar
250 g de fresones (frutillas)
3 yemas de huevo
1 cucharadita de azúcar de vainilla
100 g de azúcar
1 cucharada de maicena (fécula de maíz)
1 1/2 tazas de leche caliente

Retire las hojitas verdes de los fresones, reserve algunos para la decoración y pique los restantes.

A continuación, bata las yemas en un cazo junto con el azúcar de vainilla, el azúcar y la maicena. Agregue la leche caliente, poco a poco, sin dejar de batir con unas varillas. Ponga el cazo al fuego y cocine sin dejar de remover hasta que se haga una crema pero cuidando que no hierva, pues se cortaría. Retire del fuego y deje entibiar.

Mientras tanto, extraiga el corazón de las peras, formando un hueco en el centro y rellénelo con los fresones picados.

Seguidamente, cubra la base de 4 platos con una capa de natillas. Coloque 3 mitades de pera en cada plato, decórelos con los fresones reservados y sirva el postre sin refrigerar.

Puede derretir un poco de chocolate y rociar las peras con él. También puede aromatizar la crema con un chorrito de brandy, ron u otro licor.

Tiempo de realización: 15 minutos   Calorías por ración: 341

Piña rellena

Ingredientes para 4 personas:
2 piñas (ananás) pequeñas
100 g de arroz
750 ml de leche
150 g de azúcar
Unas gotas de esencia de vainilla
150 g de nata montada (crema de leche batida)

Para la decoración:
Cerezas (guindas) en almíbar

Ponga el arroz en una olla, añádale la leche y déjelo reposar durante 1 hora.

A continuación, ponga la olla al fuego y cocine hasta que el arroz esté tierno. Agréguele el azúcar y la esencia de vainilla, revuelva todo bien y déjelo enfriar.

Seguidamente, parta las piñas por la mitad en sentido longitudinal. Extraiga la pulpa, deseche el tronco central y corte la pulpa en dados. Añádalos al arroz junto con la nata y mezcle todo bien.

Por último, rellene con el preparado las mitades vacías de las piñas y decórelas con cerezas o al gusto.

Puede espolvorear las piñas con canela en polvo, antes de servir.

Tiempo de realización: 30 minutos   Calorías por ración: 650

Plátanos flambeados al ron

Ingredientes para 4 personas:

4 plátanos (bananos, cambures) grandes y maduros
El zumo (jugo) de 1 limón
2 cucharadas de mantequilla
1 copa de ron
2 cucharadas de azúcar
Nata montada (crema de leche batida)

Pele los plátanos y córtelos por la mitad en sentido longitudinal. Rocíelos con el zumo de limón y reserve.

A continuación, derrita la mantequilla en una sartén y fría los plátanos hasta que estén dorados.

Seguidamente, ponga el ron en un recipiente, añada el azúcar y caliéntelo bien.

Por último, coloque los plátanos en los platos de servir y decórelos con la nata montada. Prenda el ron con un fósforo, flambee los plátanos y sírvalos de inmediato.

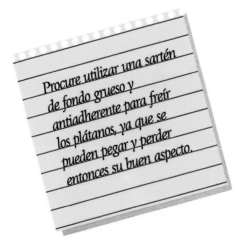

Procure utilizar una sartén de fondo grueso y antiadherente para freír los plátanos, ya que se pueden pegar y perder entonces su buen aspecto.

Tiempo de realización: 15 minutos   Calorías por ración: 235

Plátanos horneados con ron

Ingredientes para 4 personas:

✓ *4 plátanos (bananos, cambures)*
✓ *2 naranjas*
✓ *3 cucharadas de azúcar*
✓ *Un chorrito de agua*
✓ *2 cucharadas de mantequilla*
✓ *1 copa de ron*

Pele los plátanos y córtelos por la mitad en sentido longitudinal.

A continuación, prepare un caramelo con el azúcar y el agua.

Mientras tanto, exprima una naranja y cuando esté hecho el caramelo, agréguele el zumo de naranja **(1)**.

Seguidamente, coloque los plátanos en una fuente refractaria y pincélelos con la mantequilla previamente ablandada **(2)**. Rocíelos con el caramelo e introdúzcalos en el horno, precalentado a 220° C (425° F) durante 5 minutos.

Mientras tanto, pele la naranja restante, divídala en gajos y elimine la piel que los cubre.

Por último, retire la fuente del horno, rocíe los plátanos con el ron **(3)** y hornéelos 10 minutos más. Sírvalos con los gajos de naranja pelados.

Tiempo de realización: 25 minutos   Calorías por ración: 301

Ponche de Navidad

Ingredientes para 10 personas:

✓ 6 huevos separadas las yemas de las claras
✓ 1 taza de azúcar
✓ 1 vaso grande de brandy (cognac) o whisky
✓ 1 vaso grande de ron
✓ 6 tazas de nata montada (crema de leche batida)
✓ 1/2 taza de azúcar glass (glasé, impalpable)

1

Bata las yemas de huevo hasta que estén blanquecinas y espumosas. Añada el azúcar (1) y siga batiendo hasta que se disuelva.

A continuación, agrégueles el brandy y el ron (2) y continúe batiendo hasta que estén bien integrados.

Seguidamente, bata las claras a punto de nieve fuerte. Haga 2 partes y, a una de ellas, incorpórele la nata con mucho cuidado y movimientos envolventes. A las claras restantes, agrégueles el azúcar glass, batiendo bien para que el merengue quede muy duro.

Por último, incorpore a las yemas las claras mezcladas con la nata (3) y, cuando estén bien amalgamadas, agrégueles las claras con azúcar. Vierta el ponche en una fuente, decórelo al gusto y sírvalo.

2

3

| Tiempo de realización: 25 minutos | Calorías por ración: 293 |

Postre de café

Ingredientes para 4 personas:
1 tacita de leche
1 cucharada de café soluble
4 huevos, separadas las claras de las yemas
1 cucharada de maicena (fécula de maíz)
50 g de azúcar
1 tacita de café bien cargado
Edulcorante líquido al gusto (opcional)
200 g de nata montada (crema de leche batida)

Caliente la leche y disuelva en ella el café soluble.

A continuación, bata las yemas e incórporelas a la leche con café, junto con la maicena, el azúcar y la tacita de café cargado. Ponga todo al fuego y cocínelo sin dejar de revolver, para que no hierva, hasta que la mezcla espese. Retire el recipiente del fuego, sumerja parte de éste en agua fría y continúe revolviendo para cortar la cocción. Pruebe la crema y agréguele, si lo desea, edulcorante artificial.

Mientras la crema se enfría, bata las claras a punto de nieve firme y mézclelas con la nata.

Seguidamente, incorpore el batido a la crema de café y mezcle todo con movimientos envolventes para que la nata no se baje. Deje enfriar el preparado en el frigorífico.

Por último, reparta el postre en 4 copas y, si lo desea, decórelo con más nata o al gusto.

Si le queda café, no lo tire. Congélelo en una bandeja de cubitos para hielo y utilícelo cuando necesite aromatizar cualquier postre.

Tiempo de realización: 30 minutos	Calorías por ración: 318

Postre de melocotón

Ingredientes para 8 personas:

- ✓ 1 lata de 1 kg de melocotones (duraznos) en almíbar
- ✓ 1 lata de 500 g de leche condensada
- ✓ 1 sobre de gelatina sin sabor en polvo
- ✓ 1 taza de leche
- ✓ 1 copa de ron u otro licor al gusto
- ✓ 10 bizcochos de soletilla (soletas)
- ✓ 1 cucharada de mantequilla
- ✓ 2 tazas de nata montada (crema de leche batida)

1

2

Corte 2 melocotones en gajos y resérvelos. Trocee los melocotones restantes (1) y hágalos puré en una batidora. Viértalo en un recipiente grande, añada la leche condensada (2) y revuelva bien.

Disuelva la gelatina en 2 cucharadas de leche caliente e incorpórela a la mezcla preparada.

Ponga la leche con el ron en un plato hondo y empape ligeramente los bizcochos. Engrase un molde de corona con mantequilla y vierta en él la mitad del puré preparado. Reparta los bizcochos troceados (3) y cúbralos con el resto de la crema. Introduzca el molde en el frigorífico 4 o 5 horas hasta que esté cuajado.

Vierta la nata en una manga pastelera, desmolde el postre y decórelo con la nata y los melocotones reservados, o al gusto.

3

Tiempo de realización: 30 minutos   Calorías por ración: 628

Postre de papaya

Ingredientes para 6 personas:

3 papayas medianas
4 claras de huevo
2 sobres de gelatina sin sabor
1/2 taza de agua caliente
1 1/2 tazas de leche
1 limón verde (lima)

Corte las papayas longitudinalmente y reserve media para la decoración. Extraiga con cuidado todas las pepitas y deséchelas.

A continuación, retire la pulpa con una cucharilla y hágala puré con la ayuda de una batidora.

Seguidamente, bata las claras a punto de nieve e incorpórelas al puré de papaya. Disuelva la gelatina en el agua caliente y añádala al puré junto con la leche. Mezcle todo bien, viértalo en un molde e introdúzcalo en el frigorífico durante 5 o 6 horas, hasta que esté bien cuajado.

Por último, desmolde el postre y decórelo con la papaya reservada y el limón en rodajas.

Puede utilizar seis moldecitos individuales y una vez demoldados, acompañarlos con una bola de helado de limón.

Tiempo de realización: 15 minutos   Calorías por ración: 71

Postre multicolor

Ingredientes para 4 personas:

1 lata de 500 g de macedonia de frutas
1 sobre de preparado para flan
1 taza de leche
1/2 copa de ron
500 g de requesón (queso blando)
El zumo (jugo) de 1 limón
4 cucharadas de azúcar
Fideos de chocolate

Ponga el contenido de la lata de macedonia en un colador y recoja el almíbar. Deje escurrir la fruta.

A continuación, diluya el contenido del sobre de flan en 3 cucharadas del almíbar y agregue leche hasta obtener 1 taza. Vierta todo en un cazo al fuego y cocine lentamente hasta que espese. Aparte del fuego, incorpore el ron y las frutas y mezcla todo bien. Deje enfriar.

Mientras tanto, bata el requesón con el zumo de limón y el azúcar.

Seguidamente, reparta las frutas preparadas en 4 cuencos o platos. Reparta la crema de requesón poniéndola al lado de las frutas y espolvoree por encima los fideos de chocolate. Decore el postre al gusto y sírvalo.

Si lo desea puede sustituir la macedonia por frutas frescas, pero agregue azúcar al hacer el flan, ya que faltará el dulzor del almíbar.

Tiempo de realización: 10 minutos   Calorías por ración: 428

Sorbete de piña

Ingredientes para 4 personas:
1 piña mediana
2 tarrinas de natillas comerciales
1 cucharada de azúcar
1 copa de ron
12 guindas en almíbar
Unas hojitas de hierbabuena

Corte la piña en sentido longitudinal y extraiga la pulpa con cuidado de no romper la cáscara. Retire la parte dura central y vierta la pulpa en una batidora.

A continuación, agréguele las natillas, el azúcar y el ron y bata hasta obtener una crema homogénea. Viértala en una bandeja o recipiente metálico e introdúzcala en el congelador hasta el momento de servir, revolviéndola un par de veces para que no se forme un bloque.

Seguidamente, retírela del congelador, revuelva el sorbete y llene con él las 2 mitades de piña o sólo una mitad, colocando el sorbete en forma de montaña.

Por último, ponga sobre la superficie las guindas, decore con la hierbabuena y sirva el sorbete acompañándolo si lo desea, de barquillos.

Puede preparar el sorbete con piña en almíbar y servirlo en 4 copas de cristal.

Tiempo de realización: 15 minutos   Calorías por ración: 267

Suflé de mandarina

Ingredientes para 10 personas:

5 yemas de huevo
1 1/2 tazas de azúcar
5 cucharadas de zumo (jugo) de limón
3 tazas de zumo (jugo) de mandarina (tanjarina)
1 cucharada de ralladura de mandarina (tanjarina)
1/2 cucharadita de ralladura de limón
3 sobres de gelatina sin sabor
1 pizca de sal
1 1/2 tazas de mandarinas (tanjarinas) picadas
1 1/2 tazas de nata montada (crema de leche batida) muy fría
1 1/2 tazas de nata (crema de leche) líquida
3 claras de huevo
5 cucharadas de azúcar
1/2 taza de almendras picadas
Unos gajos de mandarina (tanjarina) pelados

Bata las yemas con la batidora hasta que adquieran un color limón claro. Agregue el azúcar y continúe batiendo hasta que la mezcla espese.

A continuación, caliente el zumo de limón y 1 1/2 tazas del zumo de mandarina e incorpórelos a las yemas. Sin dejar de batir, agregue las ralladuras de mandarina y limón hasta que todo el preparado esté bien espese.

Ponga en un recipiente la gelatina y la sal junto con el zumo de mandarina restante y caliéntelo hasta que la gelatina se derrita. Déjela enfriar y añádala a la mezcla de yemas. Introduzca el preparado en el frigorífico hasta que empiece a cuajarse e incorpórele las mandarinas picadas.

Seguidamente, bata juntas la nata montada y la líquida hasta que estén espesas e incorpórelas al preparado del frigorífico, con movimientos envolventes. Bata las claras a punto de nieve, agrégueles el azúcar y continúe batiendo hasta que estén brillantes. Añádalas al preparado anterior con movimientos envolventes.

Por último, engrase un molde para suflé y cubra la orilla con un collar de papel encerado. Vierta el suflé en el molde y déjelo en el frigorífico durante 6 horas como mínimo. Antes de servir el postre, retire el papel y decore el suflé con las almendras picadas y los gajos de mandarina.

Tiempo de realización: 30 minutos   Calorías por ración: 279

Suflé de melón

Ingredientes para 4 personas:

✓ 1 melón de 1 1/2 kg
aproximadamente
✓ 1 1/2 sobres de gelatina sin sabor
✓ El zumo (jugo) de 1/2 limón
✓ 500 ml de nata (crema de leche)
líquida
✓ 4 cucharadas de azúcar glass
(glasé, impalpable)
✓ 50 g de almendras fileteadas

1

Abra el melón, retire las semillas **(1)** y extraiga la pulpa, reservando unas bolitas para la decoración. Pase el resto por la batidora.

A continuación, disuelva la gelatina en el zumo de limón caliente y 1 cucharada de agua y agréguela al puré de melón, revolviendo todo bien **(2)**. Introdúzcalo en el frigorífico para que comience a cuajar.

2

Mientra tanto, rodee un molde alto con papel vegetal o de aluminio de modo que el papel sobresalga bastante y átelo al molde rodeándolo con una cuerda.

Seguidamente, bata la nata con el azúcar y cuando el puré de melón esté hecho una crema, añádale la nata montada y mézclela con movimientos envolventes **(3)**. Vierta todo en el molde preparado y déjelo cuajar en el frigorífico durante 8 horas.

3

Por último, retire el papel del molde, decore el suflé con las almendras y las bolitas reservadas y sírvalo.

Tiempo de realización: 30 minutos   Calorías por ración: 591

Tarta de queso con moras

Ingredientes para 8 personas:

300 g de queso cremoso tipo Philadelphia
1 paquete de gelatina de limón
10 galletas María
1 cucharada de mantequilla
500 ml de nata (crema de leche) líquida
3 cucharadas de azúcar
100 g de mermelada de moras (frutillas)
250 g de moras (frutillas)

Vierta en un cazo al fuego 1 vaso de agua y cuando comience a hervir, añada la gelatina, retírelo del fuego y revuelva hasta que la gelatina se disuelva. Ponga las galletas en una bolsa de plástico y tritúrelas bien pasándoles un rodillo.

A continuación, engrase con mantequilla un molde desmontable de 20 cm y cubra el fondo con las galletas trituradas, presionándolas bien.

Seguidamente, vierta la nata y el azúcar en la batidora y bata hasta que esté bien montada. Añádale el queso y la gelatina de limón y bata todo de nuevo hasta que se forme una crema suave y homogénea.

Por último, reparta la crema sobre el fondo de galletas. Alise la superficie e introduzca la tarta en el frigorífico durante 4 o 5 horas hasta que esté bien cuajada. Desmóldela dejando la base y colóquela en una fuente. Cubra la superficie con la mermelada y decórela con las moras.

Tiempo de realización: 20 minutos   Calorías por ración: 496

Torrijas

Ingredientes para 6 personas:
1 barra de pan asentado cortado en rebanadas
500 ml de leche fría
150 g de azúcar
3-4 huevos
Abundante aceite para freír

Para la decoración:
2 cucharadas de azúcar
1 cucharadita de canela molida

Vierta en un plato hondo la leche fría, agregue el azúcar y revuelva todo bien. En un cuenco aparte, bata los huevos.

A continuación, sumerja las rebanadas de pan, de una en una, en la leche azucarada y deje que se empapen, primero de un lado y luego del otro, durante unos segundos, cuidando que no absorban demasiado líquido para evitar que se deshagan durante la cocción. Escúrralas, páselas por el huevo batido y fríalas en abundante aceite caliente hasta que estén doradas.

Por último, ponga las torrijas sobre papel absorbente de cocina y espolvoréelas con el azúcar, previamente mezclado con la canela molida. Colóquelas en una fuente y sírvalas calientes.

Al freír las torrijas, se suele formar espuma en la superficie del aceite; conviene retirarla con una espumadera para evitar que el aceite se ponga negro.

Tiempo de realización: 30 minutos   Calorías por ración: 286

ÍNDICES

Por platos

Por minutos de elaboración

Por calorías

Alfabético

Platos para invitados

ÍNDICE POR PLATOS

ÍNDICE POR PLATOS

ÍNDICE POR MINUTOS DE ELABORACIÓN

ÍNDICE POR MINUTOS DE ELABORACIÓN

ÍNDICE POR CALORÍAS

ÍNDICE POR CALORÍAS

ÍNDICE ALFABÉTICO

ÍNDICE ALFABÉTICO

PLATOS PARA INVITADOS